VIVA SUNMUSIC !

サンミュージックなお笑いの夜明けだったよ!

付き人から社長になった男の物語

ブッチャーブラザーズのリッキー兼サンミュージック社長
岡博之

晶文社

カバーイラスト　Terry Johnson
デザイン　佐藤亜沙美

はじめに
理想の家

角を曲がると、生垣からのぞく大きな松が二つ。

目指して歩くと、木戸門がいつも大きな手を広げて迎えてくれる。鍵はかかっていない。

門の脇はきれいに箒《ほうき》ではかれ、落ち葉はひとつもない。

門をくぐってしばらくすると視界がぱっと開け、大きな池のある庭が飛び込んでくる。手入れされた植木が池を囲む庭には、よく磨かれた縁側がせり出していて、その辺りまでくると、家の中からにぎやかで大きな声が聞こえてくる。


「そやから、言ったやろ！　お前やったらそんなん無理やて」

「でも、やってみなわからんやろ」

「いやいや、わかるて」

「ほな、兄さんやってみなはれや」

「いやや」

「なんでや?」

「……できひんもん」

「――何を言うてんねん! 兄さんかてワシと同じやないか!」

「おいおいおい、もうその辺でたいがいにせいや。ほんましょーもな」

毎度おなじみの喧噪《けんそう》に触れると、我が家に帰ってきたことを実感する。

「ただいま。帰ったで」

声が出るより笑顔が花咲く。

「おかえりなさい!」

*

これが僕の理想の家だ。

いつ帰っても、どんな状況でも、楽しいことがあっても、苦しいことがあっても、良いことがあっても、悪いことがあっても、皆が笑って迎えてくれる、そんな家。

子どものころからぼんやりと思い描いていたその幸福に、紆余曲折、波瀾万丈、艱難《かんなん》辛苦を乗り越えて……ようやくたどり着いた。
それが、サンミュージックという会社だった。

この本は、サンミュージックと、
それにまつわるサンミュージックな人びと、
それから僕の歩んできた日々についてのささやかな物語です。

お楽しみいただけましたら、これ幸い。
それでは、一九七〇年代に立ち戻ってのはじまり、はじまり。

サンミュージックプロダクション社長
ブッチャーブラザーズのリッキーこと
岡博之

サンミュージックなお笑いの夜明けだったよ！　目次

6 進撃のお笑い班――なぜ、一発屋が次々誕生するのか

1　付き人はじめました

「大部屋」より大きな部屋で

一九七八年、僕は京都の東映俳優養成所に入った。

僕が養成所の二年目くらいのとき。いわゆる「大部屋」よりさらに下の階層にあたる「一〇〇〇人部屋」と呼ばれる場所でくすぶっていた。そこは大部屋中の大部屋で、自分たちのような人間がぎゅうぎゅうに押し込められていた場所だった。とはいえ、そこにも仕出し（エキストラのような端役の端役）の仕事が回ってきて、斬られ役から死体の役まで、現場に出ればお金がもらえた。

当時、萬屋錦之介《よろずやきんのすけ》さん出演の時代劇復興、第一弾『柳生一族の陰謀』が大ヒットしたので、第二弾として『赤穂城断絶』という忠臣蔵ものが製作されていた。僕が初めてエキストラとして現場に出たのがこの作品だった。挨拶や作法、手順については、先輩だった山部さん

（後の相方、ぶっちゃあ。普段、僕は「山部さん」と呼び続けているが、本書では以降「ぶっちゃあ」と呼ばせてもらう）に教わっていたので、それほどの戸惑いはなかった。

ギャラは今の価値に換算すると一日で四五〇〇円くらい。安い。けど、斬られてすぐ自分の撮影が終われば、三〇分で帰れる。そうやって運がいい場合は、午前に一度撮影に出て、ロケ先から帰って大部屋にいたら、「まだ人数一人足らんねんけど」って声がかかって、二本目（通称ダブり）に入れる。これで一日一万円近くが稼げた。

一方で運が悪いと、朝早くから現場に出ても、他のシーンの撮影が長引いて、中空きでずっと待たされるはめになって、自分の番は三〇分。斬られて終わり。それで一日が終わる。

一番いいのが、武家屋敷やお寺で斬られるケース。というのは、登場シーンで池があれば、斬られたらおっとっと、と池にはまること。ザバーンと行くと、「もう濡れちゃったから、今日はお疲れさん」ってそれで上がれたからだ。しかも水濡れ手当もついてくる。東映では危険手当や水濡れ手当といった「法整備」は意外とちゃんとしていたように記憶している。

東映内で、俳優の労働組合を作ってそうした「法整備」を明確にしてくれたのが実は萬屋錦之介さんだった。錦之介さんはもうスターだったけど、俳優もみんなでちゃんと組合作らなきゃねって言ってくれて、それでギャラが整ってきたという背景があった。ちなみに水濡れ手当は真夏だと二〇〇〇円で真冬だと四〇〇〇円。階段落ちは、もう危険だから一万円とか。

朝イチで斬られて、池にはまって、手当もらって、午後から別の現場でもう一回斬られたら……最高だった。

最初にエキストラとして現場に出たこの『赤穂城断絶』だが、この映画で僕はもう一つの運命の導きに巡り合うことになった。

大スター森田健作との出会いである。

『赤穂城断絶』にはそうそうたる面々が出演していた。監督は深作欣二《きんじ》さん。錦之介さんを筆頭に、千葉真一さん、松方弘樹さん、西郷輝彦さん、渡瀬恒彦さん、近藤正臣さん……。撮影が始まると僕ら若手（かつ下っ端の下っ端）はそわそわしてきて、うろうろと用もないのに歩き回って、スターたちを見に行っていた。

同じくらいの年齢の俳優たちも気になる。あ、あれは佐藤佑介だ、島英津夫もいる。佐藤さんはもう病気で亡くなってしまったが、当時人気の若手俳優。島さんは錦之介さんの息子さんで、こちらもスター俳優。そしてそこに並んでいたのが森田だった。

先代の相澤社長が自らスカウトしたのが森田だった。彼を第一号タレントとして、スタッフ二人とともに始まったのがサンミュージックだった。その名の由来は、森田のイメージの「太陽」（サン）と「音楽」（ミュージック）プロダクションの組み合わせにあった。

僕らにしてみたら『おれは男だ！』などをよく見ていたので、勝手にものすごくよく知っている感じになって、親近感を覚えていた。

若手の名物男だったぶっちゃあもその現場に出ていて、よくしゃべって、すぐに人と仲良くなってしまうという特技をここでも発揮して、なぜか森田とも仲良くなっていた。

「岡、俺、今日現場で森田健作としゃべったよ。面白い人だ」

へー、なんて聞いていたら、

「今度さ、森田さん紹介するからさ」

と言ってきた。

「それなら、車に乗ってどっか案内しようか」

「お、それはいいかもね」

まだ一九歳の子どもではあったが、車を持っていたことが役に立ちそうだった。


愛車は、クラウン。当時を知る人からすると、ヤンキー上がりであることがよくわかるだろうが、付き合っていた女の子に「クラウン乗ってる男は格好いい」と言われたことがきっかけで、なんとか手に入れた車だった。

当然、就職しているわけではないので、ローン組んで購入してからバイトして支払いしようと考えていたが、それが発覚したとき、「何年たったらローン払い終わると思ってんねん！」と親にめちゃくちゃ怒られ、現金で購入したほうが安いに決まってる、と結局費用は実家に出してもらった。ヤンキーとはいえ、そのくらいにはお坊ちゃんだったのだ。決して裕福ということはない、普通の家庭ではあったのだが。

一括で支払ってもらう代わりに、バイトをしてその金額を親に支払うことになった。

バイトといっても、非常に細かい仕事をしていた。京都の室町はオフィス街で、着物や帯、壁紙などの会社がたくさんあって、営業のためにそれらの端切れがいっぱい貼り付けてある「見本帳」というものを作って、それを持って売り込みに行っていた。僕がしていたのは、その見本帳を作る仕事だった。

そうして実家への借金を返していったのだが、その途中で森田と知り合って、突然東京へ出ていくことになったので、最終的にはクラウンの代金についてはうやむやになった。

若手大スター、森田登場

クラウンに乗っていたことが功を奏した、というのか、ぶっちゃあはすぐに僕を森田に紹介してくれた。

「森田さん、僕の後輩の岡です」

テーブルに置いてあったアイスコーヒーの氷をストローで一かきしてから、森田は僕の方に顔を向けた。

「お、岡くん。よろしくね」

それが最初の出会いだった。

あちこちスターが歩いているので、他の同期生も先輩たちも、現場に出たら彼らと話したい。でもせいぜいが挨拶する程度で、話をするという所まで行くのはなかなかハードルが高かった。

しかし、森田は彼の人柄もあったのか、一度紹介してもらって挨拶しただけなのに、すぐに気安く話しかけてくれるようになった。周りもそれを見ているものだから、お前らだけ森田さんとえらい仲良くしてるじゃないか、と言われるようにもなった。

そんなある時、ぶっちゃあ、森田と話していて、京都ではどうやって過ごしてるのかという話題になった。

「森田さん、いまどの辺に泊まってるんですか」

と、ぶっちゃあが聞くと、

「ん、ギンモンド。マネージャーがいるからタクシーでそこから来て、そこに帰ってるんだ」

と森田が答えた。

「それなら、こいつ、クラウン持ってますから、せっかくなんで現場からはホテルまで送りますよ」

ぶっちゃあの発言に乗っかって、

「はい、京都も狭いもんなんで、よく知ってます」

と僕も返事をした。

「そうなの、そしたらお願いしようかな」

というわけで、自然に、というか勝手に、というか、森田をクラウンでホテルまで送り届けることになったのだ。

大部屋の仕事というのは、毎日何をするかが決まっているわけではなくて、ある時はあるし、ないときはない。だから、森田の仕事のスケジュールがわかったら、終わる時間を先に見越して車を用意するようにした。

いまとは違って、当時は撮影所の周りの壁づたいに車がずらっと止まっていた。撮影所の中にも駐車場があるけど、もちろんそんなところに大部屋の俳優は車を止めることはできなかった。

「でもさ、森田さんの送り迎えやったら入れるんちゃうか」

「そんなもんかな。ちょっと行ってみよか」

車を駐車場の入口に回すと守衛さんがいる。

「おまえらなんや、ん、京都芸能の若造やんけ。中には入られへんぞ」

「いや、ちゃいますよ。うちらじゃなくて、森田さんの送迎なんですよ」

「ほんまかいな？　あやしいなぁ」

「いやいや、本当本当」

「そうか、ならそこ止めて待っとき」

なんてやり取りをして、駐車場に入れてもらった。が、逆に緊張感が高まった。「そこ」と示された場所の横にあるのは見るからに高そうな車。高級車だった黄色のマスタングマッハ1が止まっている。後で聞くと、松平健さんがご自身で購入された車だったようだが、その時そんなことを知らないで本当によかったと思う。

ちょっとでもこすったら、大変なことになる……と冷や汗をかきながらゆっくりと車を止めると、ちょうど森田がやってきた。

「いい車乗ってんじゃん。若いのに。実家金持ちなの？」

「いや、違うんですよ。バイトして買ったんです。あ、どうぞどうぞ」

「ありがとね」

そんなことが続いて、撮影の日々も過ぎて行った半月後。そろそろ出番も終わりに近づいていた森田をホテルに送ってる途中で彼から問いかけられた。

「岡は将来どう思ってるの？」

「まだ大部屋で俳優スタートしたばっかりで、どうもこうも。でも将来は東京行って映画の制作とかやりたいですね」

「チャンスあったら東京来たい？」

「それはもちろんです」

「そうか。俺さ、いま現場マネージャーがいないんだ」

「はい」

「東京来て、付き人やってみない？」

「えー！」

当時東映や松竹の大スターはマネージャーだけじゃなくて、付き人が二人、三人ついていて彼らが現場で細かい仕事や身の回りの世話などをしていた。森田も撮影所でそれを見ていて、マネージャー以外にそうした役者よりの付き人が欲しくなったようだった。

「ちょうどさ、家の近所に古いアパートがあって、そこが空いてるからさ。そこに住めばいいから、東京おいでよ」

「……行きます。すぐに行きます！」

突然誘われたときは驚いたが、即座にはい！　と返事をしたのだった。

森田を送り届けて、撮影所に戻ってくるとぶっちゃあが待っていた。

「おぅ、岡。ちょっと話があるんだけどさ」

「山部さん、僕も実は話があって」

「俺、森田さんから東京こないかって誘われたんだ」

なぜか、ぶっちゃあは嬉しそうな、ちょっと誇らしそうな顔をしていた。

「——いや、僕もなんです」

「えー!? 岡もなの!? なんだ、そうか」

自分だけじゃなかったという残念さはあるものの、一人じゃなかったという安心感がそれに勝ったようだった。

「一人やったらどうなるかわからんし、不安やから正直ちょっと迷ってたんや」

「二人で行くんやったら気が楽やね。一緒に行きましょう」

そんなことがあり、あっという間に東京に二人で行くことになったのである。

この時はまだコンビを組むなんてことになるとはまったく思っていなかった。でも、振り返ってみると、僕の人生にとっても、ブッチャーブラザーズにとっても、サンミュージックにとっても、大きな転換点だったんだなと思う。


二人の間では行くことに決めたが、両親にも話をする必要があった。

「森田さんが東京に来ないかって言ってくれてんねん」

「へぇそうなん。ええやんか。んで、いつ帰ってくんの?」

「旅行に行くんちゃうねん。東京で仕事せんかって誘われてんねん! ……せやから、いつ帰れるかはわからん」

「ええ！　東京行くってそういう意味⁉　お父さん、ちょっとこの子、うち出るって言うねんけど！」

隣の部屋でテレビを見ていた父親が顔だけこちらに向けて言った。

「ええやん。そんなチャンスあんねんなら。でもどうなん、飯食えるの？」

「うん、給料もちょっとくれるみたいや」

「住むとこは？」

「空いてる家があるらしいんで、部屋を用意してくれるって」

「行ったらえぇ」

父親が良ければ、母親もそれ以上は反対しなかった。とはいえ、当然心配だったとは思う。自分が親になってみて実感したことだが。

ぶっちゃけあは福知山出身、学生時代から京都でアパート住まいしていたので、もうすぐにでも行ける、よし行こう。決断だけは速かった。話があってから三日後には、京都を出発することになった。

仕度といってもとりあえずバッグに東京で着る用の洋服をぱんぱんに詰めて、これだけでいいわと担いでいった。

「布団は後で送るね。落ち着いたら住所教えてちょうだい」

母親の声を後に、新幹線に飛び乗った。

プレジデントの男

あっという間に東京駅に着いた。

「東京に着いたらタクシーつかまえて、四谷四丁目、サンミュージックって言えばわかるから」

と言われていたのだが、僕ら京都の感覚だと住所というのは「東山区松原通大和大路西入ル」とか「〜下る」とか、かなり細かく記されているものなので、地域名と丁目だけで行きたいところに到着できるというのが信じられなかった。

「こんなんで着くんかいな。東京ってめちゃくちゃ広いんじゃないの？」

「まぁ、でもそう言えいわれてるからな」

二人で話していても仕方ないので、タクシーをつかまえることにした。

「すんません、四谷四丁目、サンミュージックでお願いします」

「はい。あの角の所ね」

それだけで場所がわかるんだ！　という驚きと、そんな有名なところにこれから行くんだなということを実感した。

サンミュージックに着いて、部屋に通されると、森田のマネージャーが待っていて、ホテルニューオータニに森田が待っているので合流するように言われた。それでマネージャーと一緒にホテルに向かうことになった。

エントランスで降ろされて待っていると、大きなプレジデントがぐるっと回ってきた。目の前で止まると、ちょうどホテルから森田とマネージャーが出てきた。

「おお、よく来たね。もうすぐ兄貴が迎えに来るから。あ、あれそうだ」

と指をさしたのがその大きなプレジデントだった。

「森田さん、すごいですね！　こんなどでかい車に乗ってるんですね」

とかなんとか言っていたら、プレジデントのドアが開いて、男がそこから出てきた。がたいがよく、角刈りで威圧感がある。そしてジャージを着ているザ・昭和の男。

「兄貴って言ってたよな……」

「お兄さんなんかな……」

「いやでも、この感じは……」

東映の撮影所時代は、その筋の人たちが多数出入りしていた。いまのようにコンプライアンスなど皆無だった頃である。そして、この男はその雰囲気をまとっていた。

「森田健作といえど、東京の大手プロといえど、やっぱりその方面と関係があるんだな」

と二人で本気で思って、じっとしていた。

「後で紹介するから、とりあえず乗ってよ」

森田が助手席に乗って、われわれは後部座席に潜り込む。しばらく走ると、

「エイちゃん、あそこちょっと寄るよね」

とその男が森田に言って、車を止めると二人で出て行った。

「車で待っててね」

と言われたので、二人で顔を見合わせたが、勝手に膨らむよくない妄想にびびっていたので、声も出なかった。

森田の家は当時蒲田の隣、東矢口にあった。池上本門寺の近くだった。

家の前で森田とわれわれを降ろすと、坂の下にあった駐車場に車を止めて、男はこちらに向かって歩いてきた。さながら映画のワンシーンのような芝居がかった振る舞いだった。

「おい岡、あの兄貴とやら、家までついてきたぞ。どういう関係なんやろ……」

「さっぱりわからん。家に薬物とか持ち込んでるんやろか」

そんなことを小声でやりとりしていると森田が、

「あ、おまえらに言ってた部屋はそこだよ」

と三階建ての古い建物を示した。マンションとアパートの間のような感じだった。

玄関へ荷物を運ぼうと一歩踏み出すと、中から女性が出てきた。こちらは森田の本当の妹さんだった。

「こんにちは。お兄ちゃんがこないだ言ってた人たちよね。京都から来たんでしょう。よろ

しくお願いします」

「タカコ、部屋に二人を住まわそうと思ってるんだけど」

「え？　何、言ってるの？　私の部屋じゃないのよ」

「……そうだね。うん、妹が住んでたね」

　こちらを向いて森田はそう言った。

　ぶっちゃあと顔を見合わせ、二人で目を丸くした。ここでそんなことを言われても……。森田とのエピソードでびっくりすることは山のようにあるが、初っ端からこれである。ほとんどギャグの世界だった。

　妹さんは苦笑い、森田はというと、申し訳なさそうにしている……なんてことはなくて、

「よしわかった。とにかく俺の部屋にこい。一緒に合宿生活みたいなもんだ！」

　と高らかに宣言。結局、森田の実家の二階にある八畳の部屋に男三人で暮らすことになった。

　森田はハワイ好きで、現地で気に入った木彫りのキングサイズのベッドを部屋に設置していた。向こうの人に合わせたキングサイズである。とにかくでかい。そのベッド以外のエリアを見ると二畳分しかない。それより少ないかもしれない。

「布団は毎日上げ下ろせばいいよね」

　実家から届くまでの間の布団を持ってきてくれた森田がそう言った。布団を敷くのもギリ

ギリだった。

「岡、トイレ行ったら、さっきのごつい人、部屋の中歩いてたよ」

「そりゃ、歩くでしょう。家の中にいるんだから」

「そうなんだけどさ、変わってたんだよ、ジャージが。家用のジャージに」

なんて、どうでも良いぶっちゃあからの報告を受けながら、京都からの急展開にまったく落ち着かない自分を感じていた。

まずは森田の家の中を一通り見まわしてみようと思い、二人で一階に降りていくと応接間から声がかかった。

中に入るとまさにザ・スターの家。ゴールドディスクや映画賞の盾、トロフィーが飾ってあって、大きなテーブルの上にはこれまた大きなガラスの灰皿。壁を見ると教育勅語が貼ってある。棚にはレミーマルタン、V.S.O.P、ナポレオンなどの洋酒が並ぶ。

やっぱりすごいな、と思っていると、森田がソファーにどかっと座って、

「遅れちゃったけど、紹介するよ。こちら姉さんの旦那さんで、品川署の刑事の山本さん」

またまたぶっちゃあと顔を見合わせて、今度はなるほどね、と二人でうなずいた。よく考えてみたら、森田のお父さんも警察官だった。

安心して山本さんをよく見てみると、いかつい角刈りではあるが、鹿児島出身の、本当に漫画の西郷隆盛みたいな顔をしていた。目も丸くて、

「これから、よろしくね」

と挨拶してくれたときにはものすごいかわいらしい笑顔だった。ただ、黙っていると怖い。聞くとやはりというかなんというか、名門国士舘の柔道部出身だった。

でも僕らにとってはとても優しい人で、家の中でも何でも話せて、ちょっとしんどそうだから今日は飲みに行こうって近所に連れ出してくれたり。あるときは、

「今日は休みだろう。警察案内してあげるから遊びにおいで」

と、品川警察署に連れて行ってくれた。女性警官たちを呼んで集めると、

「面白い男が二人来るって言われてたけど、あなたたちなのね」

「そうだよ、義弟の森田健作に付いてる、将来スターになる役者さんたちだから。ほら、いまからサイン貰っておいた方がいいんじゃないの」

なんて、リップサービス以上に紹介してくれた。そんなことがいくつもあって、山本さんとのことは、良い思い出しかない。

キャップ、お醤油はこちらです

思わぬ形で始まった東京での生活だが、やはり森田はスターだった。というか、森田は森田で一風変わっていた、と言った方がよいかもしれない。

スターは「お殿様」に近い存在だ、というのはすでに理解していた。たとえば、一緒に歩いていて、控室のドアの前にスターが先に着いたとする。彼らは絶対に自分でドアを開けない。こちらが気づかない限り、ドアの前にじっと立っている。ドアが開くまで黙って待っていて、開くと、

「開けろよ、早く」

と一言。また、急いでいるときなど、ばーっとはだしで出て行って、待ってください！とマネージャーや付き人が追いかけてくると、

「靴用意されてないから、はだしで出ちゃったよ！」

と吠える。靴を用意していないお前のせいだ、ということである。

そういう情景を東映時代にたくさん見てきたのだが、森田は比較的若いこともあって、そこまでのことはなかった。

しかし、森田の部屋での同居生活はそこから一年半続き、僕らはほとんど漫画のような日々を過ごすことになるのであった。

最初、到着から二日くらいは、森田のことを「森田さん」と呼んでいた。すると彼は、

「たとえば、萬屋さんのことは、先生って呼んだり、旦那って呼んだりしてるよな」

役者の縦社会の習慣で、付き人や弟子は、自分が付いている人のことを、おやっさん、おやじなどと呼ぶことが多かった。森田にしてみると、会社の担当マネージャーではない、役

者としての付き人兼マネージャーという存在ができたことが、存外に嬉しかったようだった。

それで、「森田さん」だと他人行儀すぎるからダメだ、と考えたようである。

「はい。それならボスってのはどうですか？」

「石原プロみたいだな」

「旦那」

「それだと何か、じじいみたいだな」

キングサイズのベッドにどんと腰かけて、腕組みしながら森田は思案している。はたから見たらほとんど漫才である。

「たとえば、俺はずっと学園ドラマをやっていたから、キャプテンってのはどうだ？」

「……撮影所で僕らが『キャプテン』って呼んで、森田さんが『おう！』っていうのはちょっとおかしくないですか？」

「おかしいか？　じゃ、ちょっと呼んでみろ」

「キャプテン」

「いいじゃないか、響きは！」

こちらにしてみると、それでいいんかい！　という感じである。響きがよいのは結構だが、そう呼びかけるほうの恥ずかしさについても考えてもらいたいところだ。

そんなやりとりが続いているときにふと思いついた。少し前に宇津井健さん主演の『ザ・

ガードマン』というドラマが大ヒットしていた。その宇津井さんの役が「高倉キャップ」という名前だった。よく考えたら、警備員だけでなく、新聞記者などでも陣頭で指揮をとって判断する人のことをキャップと呼んでいる。

「……たとえば、キャップってのはどうですかね。ザ・ガードマンみたいな」

「うん……キャップね……。ちょっと呼んでみてくれる？」

「キャップ」

「もうちょっと、現場で呼ぶみたいな感じで」

「キャップ、出番です！」

「おう、今行くよ！　うん、いいね！」

キャプテンと呼ぶよりはずいぶんましである。他にもいろいろ案は出たが、結局キャップに落ち着いたのだった。決まるや否や、森田はそれをお披露目したい人間である。今からキャップと呼ぶのだ、と言って一階に降りていってしまった。

夕食時、森田家では皆が家にいるときは集まって食べることになっていた。僕ら二人は食卓の端にお邪魔させていただいている。ここでお披露目したら森田の機嫌も良くなるだろう、と思い、

「キャップ、お醤油はこちらです」

と手渡した。森田は、おう、ありがとう、なんて言いながらまんざらでもない顔をしてい

る。

「ちょっと、お兄ちゃん、なんなのキャップって」

案の定、妹のタカコさんからツッコミが入った。森田は、

「今日からそうやって呼んでもらうことにしたんだよ」

と言うが、タカコさんは「えー」という表情を崩さない。すると、山本さんが、

「いいじゃん、キャップって。違和感ないよ」

と擁護した。山本さんは警察官なので、キャップになじみがあったのだ。

「いいよね、キャップでね」

と森田が言って、それで決まった。

家の中ではそれでよかったのだが……問題は会社と現場である。

森田はサンミュージックに毎日出てくるわけではなかったが、その日以降、会社に森田が来る度、僕らがキャップ、キャップと呼んでるので、周りのみんなも、

「あいつらは何て言ってるんだ」

と気にするようになっていた。ある時、森田の元マネージャーで演歌班のマネージャーを担当していたチーフが、ちょっとちょっと、と僕らを呼び出した。

「おまえら、何？　なんかまた森田に言われたな」

さすが元担当マネージャー。森田のことはよくわかっている人間である。すぐに気がつい

た。

「そうなんです。いいですか、覚悟してくださいよ。森田さんのことは『キャップ』って呼ぶことになったんです！」

「ええぇ（笑）。そうなの？　そいつぁ調子いいね。キャップか。おい、イチノセ、いいよな、キャップって」

「あ、そう思います。キャップって自分も呼びます」

と言いながら、二人で陰に行ってクスクス笑っていた。

会社でも現場でもほとんどの人は森田さん、と呼んでいたが、そうやって理由を知った一部の近い人間たちはキャップと呼ぶようになった。そうしたら森田は、

「みんながキャップって呼ぶのはいいんだけど、なんか違うな。一家だけだよな」

と言い出して、結局はキャップと呼びかけるのは親しい身内だけとすることになった。

東映京都での撮影も東京から出向いては行っていた。当然現場では、キャップそろそろお願いします、と呼びかけるようになった。そんなある時、やりとりを聞いていた大スターの大川橋蔵さん（『銭形平次』の平次役を長年務められた）に、

「なんでキャップって言うの」

と上品な感じで質問された。僕らもいろいろ説明したところ、

「面白いね、健ちゃんは本当に」

とまた上品に笑ってくれた、ということがあった。

遠藤太津朗《たつお》さんというベテランの脇役俳優さんも、話を聞き付けると、

「面白いな健坊は、キャップやて！」

と笑って受け入れてくれた。

そうこうしているうちに、僕らも周囲もキャップという呼び方に慣れていった。

青春は山盛りのご飯とともに

森田家の朝は早い。

というより、森田の朝は早い。

朝五時半を基準に、早くて五時、酷い時だと四時半くらいに起きる。先にも紹介した通り、布団を敷き詰めたら足の踏み場もない部屋である。先に起きた森田に
「おい、起きろ」

と踏まれながら起こされて一日が始まる。森田家は、森田以外の家族も森田に準じてやはり朝が早い。

寝ぼけ眼で起きて、ぼーっとしながら一〇分くらいたってよし着替えるかと、腰を上げて、布団を畳んだりしていると、森田のお母さんが、丼飯、おかず、味噌汁、お茶碗がセットに

なったお盆を持って上がってくる。

「はい、朝ご飯だよ！」

さあ、食え、と言わんばかりである。

森田家に来るまでは、僕も朝ご飯を食べない生活が続いていたし、ぶっちゃあにしたって、夜は祇園の辺り、木屋町のスナックでバイトしていて、終わってから一杯飲んで、スナックのママさんたちとご飯食べるのが、夜中の一時、二時。そんなサイクルだったので、当然朝ご飯は食べていないし、食べられないのだ。

この朝六時に届く朝ご飯が大変だったし、なにより「ご飯」が大敵だった。あの時代である。若い者はご飯いっぱい食べるよね、食べさせたいよね、ということで、その気持ちは本当にありがたいのだが……丼に山盛りのご飯がやって来る。

最初に京都で森田と過ごしていた時、彼と食事に行くたびに僕らはこれ幸い、とがつがつ食べていた。昔の先輩というのはそういうのをとても喜ぶ生き物だった。それで、僕らが森田家に入るとなったときに、どうやらお母さんに、

「あいつらたくさん食べるからさ、ご飯いっぱい炊いておいてね」

と頼んでくれていたようだった。くり返しになるが、頼んでくれたのは本当にありがたいことだし、森田の優しさがそこには現れている。が、現実問題として、量が多すぎることに変わりはない。

そして問題はもう一つあった。おかずの配分が極めてシビアな状況になる、ということだ。おかずは、ウインナーがメイン。しかもアルトバイエルンなどではなく、ウイニーのような小さなサイズのウインナーが五〜六本。あとは漬物が三〜四枚。そして味噌汁。これを二人で分けながら、それぞれの山盛りご飯をクリアしなくてはならない。一体、どういうバランスでご飯を食べ切ればよいのだろう……と頭を抱えた。

しかし、人間の体はよくできている。一週間もそうやって過ごしているうちに、なんと朝起きてみたら「ぐぅ」と腹が鳴った。お腹が山盛りご飯を待ち望んでいたのだ。その後は、朝ご飯の量についてはそれほど問題とならなくなった。

先にも触れたが、森田は、週に二〜三日は京都でのレギュラー撮影があった。だから、ぶっちゃあと僕は交互にどちらかが森田に付き添って京都に戻っていた。

僕が付き添って京都に戻っていた時のこと。仕事が終わるとホテル代ももったいないので、実家に寝泊まりしていた。そこにぶっちゃあから電話が入った。

「仕事終わった？」

「終わった終わった。無事だよ」

「そうなんだ。いやーまいっちゃったよ、今朝は。えらい目にあった」

と言うとぶっちゃあは語り始めた。

通常は先にも述べた通り、お母さんが朝ご飯を部屋まで持ってきてくれるのだが、今日はぶっちゃあ一人だし、森田もいなかったので、応接間で朝ご飯を食べてね、ということになったそうだ。

もちろん、いつもと同じおかずにいつもと同じ量のご飯。ぶっちゃあは繊細に配分をしつつ、朝ご飯に立ち向かっていた。

三枚の漬物を残して、残りのご飯を見つめていたときのこと。隣の部屋でテレビを見ていたお父さんが、応接間にやってきた。

「ぶっちゃあ、おはよう。よく眠れたか」

「あ、お父さん、おはようございます」

「朝飯食ったのか？」

「はい、いただいてます」

「そうか」

お茶を手にしていたお父さん。椅子に座ってお茶をテーブルに置くと、おもむろに漬物に手を伸ばした。ごくごく自然に漬物を口に運び、パリパリパリ。ぶっちゃあが、

「あっ」

と言う間もなく、二枚目を手に取り、パリパリパリ。お茶を一口飲み、最後の漬物も、パリパリパリ。

「ああっ！」

気がついたら、漬物は跡形もなく消えていた。

「全部食いよった……」

心の中で嘆くも、時すでに遅し。残った白飯の白さが眩しかった——という報告が僕のもとに届けられたのであった。それ以降、朝食の時にお父さんが近くにやってきたら、全力で「これは僕の漬物です」というアピールをすべし、というのが二人の間の鉄則となった。

ちなみにぶっちゃあはその時に、世紀の大発見をしている。人間、苦しいときに何とかしようと思うことから新しい道が開けるものだ。白飯に対しておかずがなかったら……お茶をかければよい！　と。

何のことはない、お茶漬けである。いや、漬物は食べられてしまったので、お茶がけか。これでおかずが何もなくともご飯を食べ切れる方法を見つけたわけだが、それはそれでなかなか切ないものではあった。


いまでこそ住み込みで弟子入りしたり、付き人をやる、ということはほとんどなくなってしまったように思う。ひとつは他人の生活の中に入ってそれに順応する、ということの大変さや苦労をわざわざ好き好んで行いたくない、という気持ちもあるのだろう。それもよくわかる。そんなことしなくても、オーディションや賞がかかる大会に出る、あるいは養成学校に行く、という方が「コスト」もかからず合理的といえるかもしれない。

しかし、住み込みには住み込みならではの良さや、そこでしか学べないことというのもあるのではないか、と今になって思うのだ。

森田家での暮らしは気張ったところはなく、ご飯のことを除けば、とても過ごしやすかった。いわゆるスター一家という感じではなく、皆が温かく接してくれた。

コーヒーはすっぱいのが好き？事件

森田自身は一八歳で芸能界に飛び込んで、そこから一年もたたないうちに一気にスターにのし上がった人間ではあるが、人気者であることを鼻にかけるということもなかった。が、ここまで読み進めていただいた方々はお察しのことかもしれないのだが……彼にはいわゆる「天然」のケがあった。彼との生活ではことあるごとに「楽しい」ハプニングがもたらされるのであった。

「おまえら、コーヒーは好きか？」

「はい。喫茶店でバイトしてて、サイフォンでちゃんと入れるコーヒー出してました」

「そうか」

森田は腕組みをしながら、何かを少し考えているようだった。

森田は、先にも紹介した通りハワイが好きで、縁もあり、ファンクラブがあったり、知人もたくさんいた。それで、彼らからよくプレゼントが届いていた。その中に「コーヒー」があったのだ。

「ハワイからさ、コーヒー届いたから飲もう。粉コーヒー」

「……はい」

粉コーヒー？　わざわざハワイからインスタントのコーヒー送ってくるのか？　と思いながらも、淹れてくれるということなのでいただくと、たしかに美味しいは美味しいけど、インスタントなんだよね……。ぶっちゃあは、

「美味しいですね、いいじゃないですか」

とコメントを伝えた。僕もよくわからないので適当に、

「あ、いいですね。なんかモカみたいな感じで」

と答えた。

「そうか、モカな」

「はい。自分は少し酸味があるような味が好きです」

「いろいろあるんだな、好みはな。そうか、岡は酸味が好きなのか」

そう言うと、また腕組みをして何か考えてる。

いま思うと、粉コーヒーじゃなくて、ハワイの高級品「コナコーヒー」だったのだが、そんなこと当時の僕らが知るよしもない。もしかしたら、森田もわかっていなかったかもしれない。

とはいえ、森田は本当にコーヒーが好きで、撮影所でも良く飲んでいたし、自宅でも豆からインスタントから、何種類かのコーヒーが冷蔵庫の上の棚に並んでいた。

翌日。森田がまたコーヒーを淹れて持ってきた。

「どうだ？」

一緒に暮らしている期間が長くなってくると、こちらも自然とわかるものだ。そういうときは、何かやってる。それが森田の顔に出ている。なんかやりましたよ、という顔になっている。

おそるおそる一口つけると、酸味……ではなく、すっぱかった。コーヒーなのに。ぶっちゃあと僕は口を揃えて、

「うわぁっっ！」

と叫んだ。

「すっぱ！　なんですかこれ⁉」

「なんだとはなんだ！」

コーヒーなのかなんなのか、一応黒い液体だが、異常にすっぱい謎の飲み物を飲まされた上に叱られた。これが住み込みの醍醐味……。

「僕は酸味が強いコーヒーが好きですが、これはすっぱいですよ」

「そうか？　おまえがすっぱいの好きだっていうから、そういうの探したらあったんだ」

「本当ですか？」

しかし、どうやってもそれ以上飲めなかったので、森田にすみません、と謝ったら、残してもいいと言ってくれたので、遠慮なく飲むのを止めた。

森田が出かけてから、ぶっちゃあがトイレに行くついでに一階に降りていくと、ドコドコとすぐに駆け足で階段を上り戻ってきた。

「岡、ちょっと来い！　いま誰もいないから」

どうしたどうした？　と思いながら、降りていくとぶっちゃあが台所の前で手招きしている。そちらに向かうと、冷蔵庫の前で、見てみろと言わんばかりにあごで棚を指し示す。

先にも述べたコーヒーが並んでいる棚だ。

豆、インスタント、挽いたコーヒー豆の瓶が一つ、二つ、三つ、酢の瓶が一つ……酢の瓶⁉

なるほど、酸味ではなくすっぱかったのは、コーヒーに酢を入れたからだ、ということが判明した。しかも酢の瓶は出しっぱなし。

「やられた」

と思ったが、これが天然なのか、いたずらだったのか、本当によくわからない。証拠も出しっぱなしだし、それも狙ったのか、ただ忘れていただけなのかも謎のままであった。

ちょっとビールでも飲もうか事件

ただ、森田には「自分だけがよければよい」というところがまったくなかった。先のように美味しいコーヒーをもらったら、一緒に飲めるように淹れてくれたり、お酒も自分はその当時はあまり飲めなかったのに、なにかあると僕らのためにちょっと飲もうって誘ってくれた。

どのくらい飲めないか、というと——。

僕らは京都から出てきて一週間から一〇日くらいまったく休みなし、ノンストップで付き人の仕事をしていた。その日も終わって家に着いたのが夜の一一時。順番にお風呂に入って部屋に戻ってきたら一二時を少し過ぎたあたり。さすがにすこしくたびれたな、と思っていたら、先にお風呂から出ていた森田が、

「おう、お疲れ。明日から二日くらい休みになるんだろう」

と声をかけてきた。

「はい、ちょっとお休みいただきます」

「ならさ、ビールでも飲もうか」

「いただけるんですか!?」

わかった、といって森田は台所にビールを取りに行ってくれた。ご飯でもコーヒーでも何でも、僕らのために用意してくれる人だった。子分にはいろいろとやってあげたい、という

性分だったのかもしれない。

階段を上がってきた森田の持っていたお盆には、コップと普通の大瓶が一本、それから小瓶が一本載っていた。中瓶ではなく、小瓶である。

たまたま冷蔵庫に冷えてたのが小瓶だったんだな、と思っていると、栓抜きでスポッと大瓶の栓を抜いて、皆のコップにビールを注ぐと、

「お疲れさん！」

と勢いよく半分ぐらい飲んだ。僕らもつづいて杯を空ける。すると森田はそれを見て、

「おまえら飲むよな」

と言って、僕らのコップに残りを注いだ。だいたい二回くらい注いだらもう瓶は空になる。小瓶も空けることにしたが、すぐに終わり。

森田は乾杯の残りをちびちびとやって、それでもビールは残ったまま、

「ふうっ、もうこれ飲んじゃっていいよ」

とコップを手渡した。僕らとしては、さあ、ここから飲むぞー！　という気持ちである。

ビールは終わってしまったが、応接間にはたくさんの洋酒があったし……

「仕事も一段落したな」

「はい、お疲れさまでした」

「うーん、今日は飲んだな」

「えっ？」

「よし、もうダメだ。寝よう」

そう言って森田は自分のベッドに潜り込んだ。

ぶっちゃあの心の中の「ええーっ!?　まじですか？」という突っ込みが、森田の寝息とともに静かに響いていた。

「飲み会」は一〇分でお開きとなった。

初舞台は本栖研修所？

ＴＢＳのドラマで『われは海の子』という作品があった。主演を務めた森田は、スポンサーについてくれた日本船舶振興会（当時）にお礼に行かなくてはと考え、専務理事をされていたＳさんという方と会うことになった。

せっかく会うのなら、ということで銀座で接待をすることに。ぶっちゃあと二人でついていったが、二人とも飲んでしまうと車が運転できなくなるので、僕が運転要員、ぶっちゃあが飲み要員としての任務に就くことになった。

その店のママさんとは森田も親しく、ママさんは森田があまり飲めないことを知っていた。

「健ちゃん、あまり飲まないもんね」

カルピス好きでしょ、とカルピスを出してくれることになった。森田がカルピスを好きなのは皆が知っていた。そこまではよい。

森田は、

「よし、銀座のクラブだからな。ボトルで入れなきゃな」

カルピス、ボトルでちょうだいなんて言ってボトルを持ってきてもらう。

「ペン貸して」

というと、さらさらと森田健作と書き、

「これ、キープしとくから」

って、ホステスさんもS専務のお付きの人たちも、皆、それがギャグなのか本気なのかわからず、店の中の空気が変な感じになった。笑うに笑えない。

飲んでない僕は、出たぞ、やばいことになってる……と思っていたが、さすがはS専務。

「こんな人見たことないよ！　面白いね。アハハ！」

と笑ってくれた。それでママさんたちも、

「さすが、健ちゃんらしいわ」

と、皆が笑えるようになった。当の森田はというと、

「そうだろ」

って当然のような顔をしていた。当時三〇歳近い年齢、である。

一瞬冷や汗をかいたが、このS専務とのつながりは、お笑い芸人としての僕らにも大きな影響を与えることになる。

S専務との関係により日本船舶振興会とのパイプが太くなったことで、森田と僕らは競艇選手を養成する学校に慰労訪問に行くことになった。

競艇選手の養成機関、本栖《もとす》研修所というのが、本栖湖にあった。ちょうど第一期生の女性競艇選手養成員が入所したお祝い（？）に、森田が呼ばれたのだ。二つ返事で引き受けた上に、本当は森田だけでも良かったようなのだが、

「こいつらもいいですか？　面白いことといっぱいやりますから」

と言ったため、僕らも「出演」することになった。当然、その時はコントも漫才もまだやっていなかった。

「どうしよ」

「なんかやらなあかんね」

「コントみたいなのがええんかな。劇みたいなのならできそうやな」

「なら、歌に合わせた当てぶりみたいなのしよか」

「歌に合わせてちゃんばらでもやるか」

お笑いについて本格的に考えたり、披露したりするはるか前のことである。今考えると相

当に変なものだったように思うが、それくらいのことしか準備できなかった。

当日。

接待やら慰労やらあるので、われわれは車でない方がよい、ということで、サンミュージック前集合で車を回してくれることになった。

やってきたのは、出たばかりの新車のセドリック、グロリア、ベンツが二台。遠くから見ても、これだなとわかる。目の前まで来て止まると、後ろのウインドーに日の丸、それから「世界一家　人類皆兄弟」と書かれたステッカーが貼ってある。

それらに乗り込んで本栖研修所へ。

懇親会の会場に着くと、生徒の皆さんは一斉にぴしっと姿勢を正して待っている。ゲストの森田健作さんです、と紹介されると森田は、

「元気ですかー皆さん。どうも森田健作です！」

と場違いな軽さ。本当にお殿様みたいだなと思ったが、それも森田のすごさだと思う。その後はきちんと挨拶をして、さらっと一曲歌い、

「今日は、仲間、うちの弟子たちがいろいろ面白いことやってくれるから、皆楽しみに」

というアナウンスを呼び水に、僕らが登場することに。

事前に準備（というほどのものではないが……）していたように、曲をかけてもらってわけのわからないちゃんばらコントを行ったのだが、生徒の皆さんにはそれなりにウケた。特

に娯楽や息抜きのない研修所生活、ちょっとしたことでも面白く映ったということだろう。

と、僕らがしゃべっているコントの途中で突然、教官が、

「すみません！」

と言うが早いか、皆がばばばばっと全員起立、数人がドアの外にかけて行く。何が起こってるのかもよくわからず、戸惑いながら窓の外を見ると国旗がかかっている。時間はそろそろ夕方五時。国旗を降ろす時間だったのだ。

国歌が流れるなか一同ゆっくりと降りてくる国旗に向き合う。森田はというと、直立不動、「しっかりな」という顔でこちらを見ている。それから、国旗に向かって誰もしていないのに勝手に敬礼している。

「よし！」

という教官の声で、全員直れ。

「失礼しました！」

と教官は戻って行った。

会場の空気は「はい、どうぞ続きをお願いします」。

「これでやるの？　この状態ではやれないよ……」

と二人で顔を見合わせたが、何とかテンションをあげて続きをやりきった。後にも先にもこんなことはなかったが、面白い体験だった。

――そして、何を隠そう、この時が後の「ブッチャーブラザーズ」の初舞台だったのである。

2 幸福な京都時代

一九五八年九月八日、僕は京都に生まれた。

母方の祖父は、東京深川は木場の材木問屋のせがれ。不良だったので一五歳で勘当されて、ハスラーをやりながら西へ西へと流れていく。ビリヤードで生計を立てながらの流浪の旅だったそうだ。その果てに、滋賀の大津に辿り着き、お祖母《ばあ》さんと巡り会って生まれたのが僕の母親だった。

大津の母の実家に子どもの頃遊びに行ったとき、よく覚えているのは、お祖父《じい》さんは一人だけ言葉が違う、ということだった。

「おう、博之か。早くこっちぃ入れ！」

怒っているわけではないのだが、生粋の江戸っ子であった。口調は強く、京都というゆったりした空気の中での生活が日常となっている僕にとってはとても異質で、すこし怖かった。

ご飯をゆっくり食べていて、

「さっさと飯食え！　茶漬けなんか食うな」

と叱られたこともあった。

一方、父方の祖父は「猫」と呼ばれるほどおとなしい人。子ども心に「同じ年寄りでもずいぶん違うものだ」というのが印象的だった。

猫の祖父さんもルーツは大津で、京都に来て太平洋戦争前には酒屋をやっていたが、免許制になったこともあり、大変なので酒屋を辞めて、駄菓子と食料品を扱う店に変えることにした。酒屋時代の名残で、醤油だけはたくさん売っていて、一升瓶が並んでいたのを覚えている。

若い頃、呼吸器系を患っていて、それもあって、本当に働かない人だったらしい。おそらくもともと働くことが得意ではなかったのだろう。その部分は僕にしっかりと受け継がれている気がする。

京都の祖母は猫だった祖父と違って、非常な倹約家であり、働き者だった。それから……とにかく、口うるさかった。彼女の働きによって終戦すぐの昭和二〇年、祇園地区の外れの六波羅蜜寺近くに三〇坪ほどではあったが小さな家を建てることができたそうだ。

父親はサラリーマンだったが、これが祖父譲りというか、ばくち打ちだったのである。

かつて、愛知県の名古屋に名古屋精糖という会社があり、その子会社に協同乳業が設立された。協同乳業は「名古屋精糖」を略した「名糖＝メイトー」をブランドとして、牛乳やチーズ、清涼飲料水を作っていた。彼はそこのアイスクリーム部門に勤めていた。当時の上司や仲間が大阪で「新世乳業」という会社を立ち上げることになり、父は会社を辞めて彼らについて行くことにした。

まだ僕も小学校の低学年の頃。父の仕事がどんなものなのかまったくわからなかったが、どうやら会社が変わって新しいところで働くらしい、と兄とは話していた。居間で、イベント用なのか、宣伝用なのか、父がビニールの風船を膨らませると、そこには「新世乳業」と記してあり、「これが新しい会社や」と言っていたのを覚えている。

それから数年もたたないうちに、なんだか雰囲気が少し変わってきた。その頃から父親は朝六時台に家を出て、僕らがもう布団に入っている夜の一一時過ぎまで帰ってこなかった。日曜日はずっと寝ていて、競馬の時だけ起きる。家の中で父親にはほとんど会わなくなった。

とはいえ、どこの家でも働いているお父さんはそういうものだろう、と思っていたら、真相は違っていた。彼は毎日、毎晩ひたすら麻雀をやっていたのだ。接待もあったし、大会もあったようだが、なるほど、それで家の中によくわからないウイスキーの瓶やトロフィーが飾ってあったわけだ。

父と母は見合い結婚だったそうだ。

母が嫁いできた時、祖母が母に家のあれこれを伝えていた。ここに箪笥《たんす》があって、こういう服が入っている。この押し入れに入っているのは、と柳行李《やなぎごうり》を押し入れから出してきて開けたとき、パッと見ると宮川町の芸妓さんの名前が染め抜かれた日本手拭いが出てきた。それも一枚、二枚ではなく、たくさん。

母はあまり深く悩んだり、気に病んだりしない、気楽な性格だが、その母をしてそれを見たときに「ぞっとした」ということである。そんな手拭い、祇園でしょっちゅう遊んでいる人しかもらうことができない。あぁ、失敗したかもしれん、と思ったと後に母が語っていた。

その直感は当たらずといえども遠からず、といったところだったかもしれない。

母が妊娠して子ども（兄）が生まれるという時。陣痛が激しくなってきて、日赤病院に祖母に付き添ってもらって入ったが、父が来ない。なんとか無事に生まれても来ない。一日、二日、三日……一週間たっても来ない。

「一体どこに消えてしまったんだ……」

と祖母と途方に暮れていたが、生まれたばかりの初めての子どもである。その世話に明け暮れていたら、ふらっと父が戻って来た。

「こんな大事な時に、どこに行っとったんや!?」

と問い詰めると、古い料亭のおやじやらなんやらの仲間たちと一緒に、宮川町の芸妓の家の二階にずっと籠っていた、ということだった。祖母も母も、あきれ果ててそれ以上何も言わなかったそうだ。

後で父に聞くと、子どもが生まれるということや、それにまつわる厄介なことを考えると、もう嫌で嫌で仕方なくなり、考えるのをやめて、「もうすぐ生まれます」と聞いた日から逃げて遊ぶことにした、ということだった。

といっても、それほど金遣いが荒いということはなかった。僕の家はほそぼそではあったが酒屋の名残のお店をやっていたし、父の給料も倹約家の祖母が握っていて、父と母に今月分のお金といって、使えるお金を渡していたようだった。だから、お金持ちではないけど、お金に苦労するような家ではなかった。


兄と僕とは三歳違い。

彼は僕とは違って小学校から秀才で、将来は京大に行くんじゃないかと言われていた。気がつくと本ばかり読んでいる。結局、京大には行かず、旧制の京都工業専門学校と京都繊維専門学校を統合して設立された京都工芸繊維大学に行くことになった。大学を出てからは大学院に進み、その後東京で会社勤めをすることになったが、ちょっとしたトラブルがあってからは辞めて、フリーでシステムエンジニアの走りのようなことをしていた。

兄は家族の中でも誰に似てるのかな、と言われるほどで、少し偏屈、勉強熱心、寡黙というタイプ。良くも悪くも、敵も味方も関係なく愛想がよかった僕とは正反対だった。

僕が高校に入って、やんちゃをしていた頃、バイク仲間が試験前になるとよく僕の家に集まって来ていた。それぞれの家に行って試験前だけ少し勉強を頑張ろうと取り組んでいたのだが、僕の家に皆が来る機会がダントツで多かった。というのも、兄が勉強を教えてくれるからだった。説明も丁寧、ポイントを押さえた素早く適切な解説で、皆が家に来たがった。本当に勉強ができる人というのは、スマートなのだな、といつも感謝していた。

デカいバイクが何台も家の前にどんと止まっていて、近所の人らはもしかすると「またあそこの家には不良がたまっている」と思ったかもしれないが、何のことはない、一生懸命勉強していたのだった。

そんなちょっと不思議な家族の中で僕は暮らしていた。

父も母もあまりうるさいことは言わず、本当に自由に育っていた。

祇園の濃度——うち、お父さんいないねん

僕が住んでいたのは祇園と呼ばれる地域だった。

小学校の頃、同級生にちょっとお金持ちのような身ぎれいな友だちがいて、お家《うち》に遊びに行くと、自分たちの家とは違った雰囲気だった。家は小さくとも、掃除が行き届いていてきれいにしてある。花なんかも飾ってある。自分の母とは違って、とてもきれいなお母さんが

出てくる。おもちゃにしてもたくさんあるし、お菓子も見たことがないような洋菓子が出てくる。

でも、聞くと「うち、お父さんいないねん」と言う。祇園の芸妓さんのお家だった。

学区でいうと、僕がいたのが六原学区。大和大路を通って建仁寺から鴨川までが新道《しんみち》学区。この学区は四条河原町や木屋町により近く、夜の仕事をされているお家が多かった。五条大橋で鴨川を渡った向こうには五条楽園があった。昔の赤線である。そこを北上すると本当のお茶屋さん、芸者遊びをするエリアがあった。

東大路から清水寺までが清水学区。ここが一番お金持ちの子弟が多かった。清水焼のお家、扇子屋さん、老舗の湯豆腐屋さんなどなど。何代も続くようなお家が多かった。それから五条大橋より鴨川下流にあったのが、修道区と貞教《ていきょう》区。貞教区は職人さんのお家が多かった。いずれも祇園色は弱かった。

その五区が全部、洛東中学の学区で、中学に上がると一緒になる。義務教育なので、陶芸作家の子ども、人間国宝の孫、会社経営者の子どもから、芸妓の子ども、そして僕らごく一般的な家庭の子ども。皆が一緒に三年間を過ごす。いろいろな階層や経歴やバックグラウンドを持つ家が比較的密集していたのだ。ちょっと特殊なエリアだったと思う。

中学も三年生になると成績を基に個人面談を行うのはいまと同じだった。

「六時間目は進路指導の個人面談だから」

と言われた時、毎回、ある女の子たちは名前が呼ばれず、遊んでいる。先生も特にそれを注意する様子もない。

「なんでおまえら進路指導呼ばれんの？」

と友だちと言っていたら、

「いや、いまごろなに言ってるの？　イケズやなぁ」

「わかってて言ってはるわ」

と返してくる。本当にわからなかったので、困惑していると、

「ほら、もう決まってるじゃん。卒業したら舞妓にならな」

「見習いにならなあかんから、進路指導は必要ないねん」

と言った。それで「あ、そうか……」と理解し、しまった、傷つけてしまったかもしれないと深く反省した。

それから時間がたち、卒業してから半年以上過ぎた冬。工業高校に進み一六歳になった僕は、念願の免許を取得し、単車を手に入れた。三五〇ccの単車は近所でも一番大きなバイクだった。バイクを乗り回していると、どこまでも遠くに行ける、自由だ、とご機嫌になった。

八坂の塔に向かう真正面の道には、老舗の料亭や料理屋が並んでいて、お茶屋さんもたくさんあった。その通りを何の気なしに通っていて、ふと狭い道の角を曲がろうとして一時停止した時のこと。料理屋から舞妓さんとお金持ち風のおじさんが出てきた。よくある祇園の

風景なので、気にも留めなかった。が、その舞妓さんが、

「あれ、岡くん？」

と声をかけてきた。舞妓さんといっても、その頃の僕らからしたら年配の存在に思えていたので、そんな知り合いなんていない……と思いつつも、

「はい、岡ですけど。どちらさまですか？」

というと、

「いややわぁ、あたしあたし」

なんと、先ほどの進路指導のときの話に出た同級生の女の子だった。横にいたおじさんとの、

「え？　誰？　知り合い？」

「あー、去年まで同級生だったの」

「あ、そう……」

という会話が聞こえてきた。それじゃ、なんて言って別れた。バイクを買って、誰よりも大人になった気でいたが、まったく違う世界で生きている、もっと「大人」がいた。その現実に驚いたとともに、とても複雑な心境だったのを覚えている。


小学校時代に、地域のことを勉強しましょう、ということで副読本を見ながらの授業があ

った。僕が住んでいた町は「轆轤町《ろくろちょう》」という名前だった。清水焼を作る時の「ろくろ」なんかなと思っていたら、どうやら違った。

鴨川から東、六波羅蜜寺周辺は、昔は野っ原の荒れ地で、開発しようと深く掘ると前の戦争の頃の骨がたくさん出てきたらしい。前の戦争の頃、というと京都だと「応仁の乱」になるのだが……その頃の髑髏《どくろ》がたくさん出てきたので、髑髏町。しかしあまりにも聞こえが悪いという話が出て、現在の轆轤町という呼び方に変わったらしい。

僕らは応仁の乱の骨の上で生活していたのだ。

お滝の上のクワガタ

夏になると毎日のように清水寺にクワガタを捕りに出かけた。寺の山の上に木が生い茂っていて、そこに大きなクワガタたちがいたのだ。しかし、だんだん、手前の方のエリアは他の連中にも知られてきて、僕らの狩場が荒らされてきた。

「お滝の上行ったらどうかな」

誰かがそう言い出した。京都では何にでも「お」をつける。清水寺の手水舎の水が引かれているのが、お滝こと「音羽の滝」だった。そこは山の作業をする寺男やお坊さんたちしか入れない神聖なエリアだった。ということは、子どもは誰も入っていない、手つかずの楽園である。

「そうやな、こっちもなかなか捕れなくなってきたから、そこしかないな」

話はまとまり、地元民なのに観光客に交じって手水舎にちゃんと並んで、手を洗って口をゆすいで、そこから皆は参拝に行くが、僕らだけ脇道に抜けて、崖のようになっているところをどんどん登っていく。上に着くと生い茂っていた樹木の中に、たくさんのクワガタがすぐに見つかった。

味を占めて何度も登っていたが、採集に集中しすぎて下で寺男が作業しているのに気づかず、崖の低い所にいるクワガタを探そうとして、砂を落としてしまい、彼にかけてしまったことがあった。

「うわー、なんやねん。あっ！　コラ！　何してんねん」

と、すぐに見つかって僕らが捕まってしまった。カミナリを落とされるかと思ったら、優しく諭してくれて、

「そんなところ登ったらあかんやろ？　なんであかんかわかるか？」

「……危ないから？」

「バチが当たる？」

「……いや、登っちゃいけないところだからやろ」

寺男は僕らの様子を見て、

「おいおい、登っちゃいけないってわかってて登る奴がいるか。それもあるけど、おまえら

が滝の上歩いて泥を落としたら、その泥が流れて手を洗ったり、口をゆすいだりする水に交じるやろ？　汚くなってまうやん？　だからダメなんや」

「ほな、汚さへんかったらいいんやね」

いや、それもアカン！　と結局は怒られた。

清水の舞台へと登る

清水寺には舞台があって、そこは拝観料を払わなくてはならないのだが、同級生のおじいさんとおばあさんが受付のもぎりで働いていたので、知り合いだとわかるといつも勝手に中に入れてくれていた。

清水寺を見上げると、舞台があって、その下に石垣が組んである。毎日のように出入りしている中で、これまた誰かが、

「ちょっと、石垣登ってみようか」

と言い出した。組んである石は一つひとつがとても大きい。一つにとりついてみて、これは上までいくのは絶対無理だなと思ったのだが、少し離れたところにいた数人の観光客がこちらを見ていて、

「おい、上まで登ったら五〇〇円やるぞ！」

とバカなことを言い出した。登っている僕らもバカである。

「本当!?」

と目を輝かせて、頑張って登ることにした。が、途中までいって下を見ると、もう相当に高い。これはやばいことになった……とビビっていたら、お寺の人たちがわーっときて、

「コラー!! 何してんねん!」

と捕まって、引きずりおろされた。この時は当然、問答無用で叱られたのであった。

とまれ、「清水の舞台から飛び降りる」というのは格言にもなっているが、「清水の舞台へと登る」ことに挑んだ人間はなかなかいないと思う。

生徒と先生の天国――洛陽工業高校入学

話が前後するが、僕も中学を卒業するにあたって、進路をどうするか考えなくてはならなくなった。その頃からすでに遊びだしていて、内申点は期待できなかった。古いカメラを買ってもらってから写真が好きで、近所の写真館にも入り浸っていた僕としては、中学を卒業したら、すぐに写真の専門学校に行きたかった。

家で「TIME」を購読するようになって出会ったロバート・キャパに憧れて『ちょっとピンぼけ』も読んだ。同じくSL好きだったのが高じて、SLの写真も撮るようになっていた。だからその頃の夢としては写真で何かやりたいと考えていたのだ。

しかし、高校を卒業しないことには専門学校にも行くことはできなかった。それで、僕の内申点でもクリアできた公立の京都市立洛陽工業高校に入ることになった。お隣の伏見工業高校はドラマ『スクール☆ウォーズ』のモデルとなった時代。僕の二つ下の学年にいたのが大八木淳史選手だったりした。

二〇一七年度末に閉校となってしまった洛陽工業は、かつては京都市立第一工業学校という名称で、島津製作所、村田製作所、オムロン、京セラなどなど、名だたる京都の工業系企業を支える人材を多数輩出した、工業における名門校だった。

しかし、初めて学校に行ったときのこと。全員がグレーの作業服を着て、丸刈りや角刈りの見るからに不良たちが校庭で野球をやっていた。これはもう少年院の昼休みではないか……と思ったのだが、自分もその仲間に入ることになったわけだ。先生も優秀、先輩方も優秀。だが、僕らの見た目はほとんど少年院のメンバー。

入ってみると、実際に悪いやつが何人もいた。洛陽工業（にはまだちゃんと工業を学ぼうとして来ている人もたくさんいたので）より酷い、不良の巣窟のような高校に通っている奴がこちらに遊びに来て、玄関にバイクで乗り付け、エンジンをふかすと、

「おーい、○○遊びに来たぞー」

と叫ぶ。

「おう、××来たんか！」

って洛陽の不良が手を挙げると、生活指導の先生がばーって走ってきて、

「コラ！　おまえ、どこのもんだ！」

「○○んとこ会いにきたんや」

「なにぃ、○○！　おまえはこんな悪い友だちとつるんどるんか⁉」

って言った瞬間に、

「おう、なんや！　俺の連れに何てこと言うねん！」

と言うが早いかその他校から来た不良がクラッチを切って、バイクを発進。そのまま廊下をバーッと走り出した――というシーンが今も忘れられない。ほとんど『ビー・バップ・ハイスクール』（原作にはバイクが出てこないが）の世界だった。


もちろん僕の友だちには不良が多かったが、本当にバイクが好きで学校に来ている連中も多かった。バイクをばらしたり、組んだり、改造したりしたい彼らにとって、工業高校は天国だった。道具も作業する場所もちゃんと準備されている。授業中、先生に内緒でこっそり実習工場でハンドルを切って短くして詰めて溶接している、なんてやつもいた。

生徒だけでなく、先生もやっぱりそういうのが好きで、自動車クラブという部活では、先生が乗っている高くはないけど凝った車のエンジンをみんなで開けて、

「ほら、カム（シャフト）がツインになってるやろ。だからツインカムなんや。これがＤＯ

HC」

と説明してくれた。表で走ると警察うるさいけどな、と先生がエンジンを回すと、ブルルンといい音がした。

「実はマフラーも変えてあんねん。いい音するやろ。でもあかん。外行くときはこれに付け替えないとあかんねん」

と言って、また純正のマフラーに付け替えていた。先生にとっても天国だったのだ。

スーツを着て、車に乗ったら卒業式へ

僕もバイクは好きでよく皆とつるんで走っていたが、高校はささっと済ませて早く写真の専門学校へ行きたいと考えていた。文化祭も体育祭も一年生の時に少し顔を出しただけで、あとは一度も参加しなかった。

卒業式を間近に控えた頃のこと。

「岡、スズキとタナカとカトウ、おまえら、最後なんだから卒業式くらいちゃんとしてくれな」

「いや、先生、僕らそんなに酷いことしてないじゃん」

「その服装で言う台詞か？」

僕らは一年生の最初の半年を過ぎた頃から学生服を着ていなかった。革ジャンにジーパンという「自由な服装」で毎日を過ごしていた。もちろん実習時は少年院のような……作業服だったのだが。

先生が言うには、最後だから制服を着てきてくれ、ということだった。

しかし、その半月前に僕は母親にせびって、すでに大阪のメンズビギでスーツを仕立てていたのだ。というのも、兄の学校は制服がなく私服通学だったので、卒業式は皆がスーツを着ていた。当然母の頭にもそのことがあった（かつ、僕も洛陽では卒業式は制服を着るものだ、ということを言わなかったので）、

「博之はどうせ新しいスーツを買うって言い出すで」

と、寛大な理解のうえ、反対されることもなく準備が整った。

先にも少し話したが、高校二年生の頃から毎朝五時半に起きて牛乳配達のバイトをしながら、お金を貯めていた。それでそのお金を資金として家に入れる約束で、車を買ってもらっていたのだ。その車で卒業式に出るという僕に、母も大丈夫なの？　と疑念を抱いたようだが、大丈夫大丈夫、とごまかして卒業式に向かうことにした。当然、車に乗って行っていいわけがない。

友だち三人を乗せて出発したが、車で行ったことがなかったし、いまみたいにナビもないので到着時間が読めない。結局、九時開始のところ、付近に着いたのがもう八時五〇分。や

ばい、もう始まる……。高校の近所の高架下の道によく路駐している人がいたので、そこに車を止めようと思ったが、そこから歩くと一〇分以上かかってしまう。

「よし、このまま行っちゃおう」

と、勢いに任せて校門の前に車を乗り付けて、中に入ると、同級生が体育館に移動しているところだった。

「あんたら、何してんの!?」

仲の良かった女子生徒が目を見開いて驚いていた。わけもない。見れば僕ら四人以外は全員制服を着ている。担任の先生もやってきて、

「なんや、おまえら。あれだけ制服着てこいって話したのに。しかも全員スーツって」

「ダメっすかね」

「ダメ、絶対。しかも、あれ？　なんやねん、車で来たんかいな!?」

そうこうしているうちに、騒ぎを聞きつけた生活指導の先生もやってくる。

「おまえらは卒業式に出られんからな。とりあえず、車、ちゃんとしたとこに止めてこい」

体育館に向かう同級生たちは皆、呆れたような顔をしていた。彼らから離れ、車を駐車しに行ってから、教室には入れたのでそこに戻った。自分の席に座っていると、かすかに卒業式の音が流れてきた。それを聞きながら僕ら四人はじっと黙っていた。

式が終わって帰って来たクラスの仲間たちには、

「なんや、おまえらあほやなー」

「しゃーないやっちゃ」

と言われ、見るとこれまでは僕らのように普段は私服で学校に来ていた他の連中含め、見事に全員が制服を着ていた。その日は、卒業証書をもらうことができず、翌日母と一緒に職員室に向かい、無事に卒業することができた。

専門学校で覚えたのは……

卒業後、大阪写真専門学校（現ビジュアルアーツ専門学校）に進むことになった。専攻は写真ではなく、新しくできた映画学科にした。

中学の時、やはり祇園の子でお金持ちな友だちがいて、彼が八ミリカメラをもっていた。ミリタリーも好きでちょっと高価な戦車の模型や、モデルガンももっていて、それを使って映画を作ろうということになった。撮影場所は建仁寺とか清水寺とか国宝級のお寺の境内など。脈絡なく突然、戦車が出てくると、次のシーンでモデルガンをもった僕らが疾走していたり、オールロケで撮影をしていた。

その時のことを思い出していて、自分で何かを撮影するよりも、仕事としてやるなら、映画のプロデュースや製作がやりたいな、と思ったのだ。

映画学科には僕と同じような高卒一年目もいたが、三割くらいはすでに成人していたり、大学と掛け持ちしていたり、社会人でありながら、映像や写真を学ぼうという人たちもきていた。僕は背伸びしたい若者だったので、彼らの方とすぐに仲良くなった。

悪い先輩もできた。当時の僕より五歳上、二四歳だったヤマオカだ。四国出身の彼は、東京で早稲田大学に入って映画研究会に入りたかったそうだが、夢かなわず、なぜかパブなどでバイトをしながら京都にいた。若い頃の五歳の差は大きく、ヤマオカはほとんど大人に見えた。一九～二〇歳になる頃に京都での飲みや遊びはすべて彼に教わることになった。

ある時、

「岡くん、ちょっと山越えよか」

と誘われた。山越えが何を意味するのかわからず、

「なんすか、それ？」

と聞くと、

「なに、ひょっとしてトルコ（いまでいうソープランド）行ったことない？　京都から雄琴《おごと》に行くとき、山越えっていうんや」

「へー、でも高いですよね」

その頃の金額で優に二万円はしていたはずだ。ヤマオカは知り合いの若社長がいて、彼と一緒に行くから心配するな、というので、ついて行くことにした。行ってみると、やはりプ

ロは一味違っていた。

という写真学校一年目ではあったが、横道に逸れるばかりではなく、カメラの機材を扱ったり、自分たちでロケや撮影をするようにもなっていった。当時支給されていたのが、キヤノンのスクーピック16という古い報道専用のカメラで、すべてフィルムだった。つまり現像が必要になる。フィルムの装填もなかなか大変だった。

課題もあったので、台本を書いて大阪の町をロケに行くと、あえてこれがドキュメントだ、と京橋などの柄の悪かった地域に向かった。道で寝ている人や、ちょっとした軒先でワンカップ大関を飲んでる人がいる世界に、一九〜二〇歳くらいの何もわかっていない連中がカメラをもって入ってくる。当然、カメラを見た瞬間に、

「おい、兄ちゃん。何撮んねん。勝手に撮ったらアカンで！」

「そうやそうや、撮るんやったらな、金払うてもらわなアカン」

「いやいや、おまえらかてアホなこといいなや。兄ちゃんたち、撮ったらええねん。そん代わし、わしのこと撮ってくれや」

これもまたほとんど漫画の世界だった。リアル『じゃりン子チエ』である。

他の仲間はアーティスト志向。濃さに気圧されて、

「うわ、すみませんでした……」

とカメラを引っ込めようとするのだが、僕の口からは、

「じゃかましい、おっさん！　なにいうとんねん！」

という台詞がパッと出てきた。高校の時にヤンキーをやっていた経験が実を結んだ。バイクに乗って出かけたら、誰かともめるのは日常茶飯事である。

「なんや、ここはおまえの町か？　おまえが作ったんかここは？　ええ？　ボケが。撮ったらアカンかどうか、なんでおまえらに決められなあかんねん。こらぁ」

仲間たちは、それで余計に焦って「やめとけ、やめとけって」というが、一度動き出した口は止まらない。さすがに喧嘩になると多勢に無勢でヤバいから、と仲間たちに制止され、睨みながら引き上げてきた。その頃からもう〝しゃべり〟はかなり立っていたのだ。

写真のロケにも行った。天王寺に出かけ、通天閣の下の方をカメラをもってロケしていると、おじさんがとことことやって来て、

「兄ちゃん、写真撮んの？」

「おう、そやで」

「ほいだら、ちょっと待っててや」

といって、自分の子どもを連れてきて、

「一緒に写真撮って欲しいねん」

という。パシャパシャと数回シャッターを切ると、撮ったらすぐに写真ができるインスタントカメラでもないのに、

「ああ、撮れたな。写真が楽しみだな」

と嬉しそうな笑顔を残し、彼はその場から去っていった。もちろん住所や届け先なんか聞いていない。なにが楽しみで、どうやって写真を僕らからもらうのか、まったくわからない不思議な出来事だったが、ロケをしているとそうしたいろいろなことが起こったのだ。

東映俳優養成所に入る

専門学校も二年目に入る頃、かつての宝塚ファミリーランドの一角にあった、宝塚映像のスタジオにバイトに入ることになった。学校に教えに来てくれる先生方は現場のプロの人ばかりで、ドラマの撮影に助手の助手のような存在が必要だ、という話で、僕らに声がかかった。多少は機材の扱いや段取りがわかる人間の方がいろいろ教える手間もない。やっていたのは、カメラマンのケーブルをもって一日ついてまわるとか、終わったらケーブルを巻き取るとか、その程度のことだった。

何度かスタジオに行っているうちに、一緒になった友だちが、

「学校で勉強しているだけより、京都には太秦《うずまさ》があるんだから、そこの撮影所でなにかバイトでもしたらいいんじゃないか」

と言ってくれた。太秦つまり東映京都撮影所から教えにきてくれている先生もいて、聞い

てみると、撮影所には養成所があるから、そこに入るという手もある、という。悪い先輩だったヤマオカにも話をしてみると、そんなら俺が見てきてやる、と意気揚々、先に撮影所を見に行ってくれた。すると、

「岡、東映俳優養成所第五期生、募集してるわ」

との報告をもらった。調べてみると養成所でかかる費用もそれほど高くないことがわかった。当時、入所金が一〇数万円、月謝が毎月一万五〇〇〇円、そんな程度だった。養成所の中に入ってしまえば、仮に俳優だとしても塀の向こう、つまり映画の世界に入ることができる。一気に、夢見た世界が現実として近づいたような気がした。

それで、両親に、

「専門学校で勉強してるけど、学校を出ても就職はまた一からあるかないかわからないところから始めなくてはならない。別に俳優になりたいわけじゃないけど、東映の養成所に入れば、とりあえず映画に関する仕事ができそうなんだ。だから、受けてみてもいいかな？」

と聞いてみた。両親は、東映、俳優、養成所、これらがつながって頭に浮かんだのが昔のニューフェイスや若手スターだったようで、

「そんなん、受かるわけなかろう」

と言われたが、受けること自体は反対されなかったので、受験したら合格した。落とす試験でもなし、よほど変な人でなければ受かるのだ。それで撮影所の中に無事、潜り込むこと

になった。

ぶっちゃあという男

東映俳優養成所に入ると、きちんと発声などのレッスンや芝居の稽古がカリキュラムとして行われる。

そこで出会ったのが奇跡の相棒、山部先輩こと後のぶっちゃあである。

養成所の教室は、ちゃんばらも日舞もお茶も稽古するので、教室というよりはほとんど道場のようになっていた。道場で稽古していると、仕出し（エキストラ）の現場が終わった先輩たちがガラっと扉を開けて、

「よ、後輩たち。やってるかね」

なんていって後輩を冷やかしにきていた。なかでもぶっちゃあはよく顔を出していた。その頃からキャラが立っていて、養成所の名物男だったのだ。それで、

「あ、山部先輩だ。こんにちは」

というと、先生も、たとえば日舞をやっていたら、

「山部、なんだおまえは偉そうに。よし、後輩と一緒におまえもやれ」

「はいっ！」

なんて命じられたらノリよく、面白おかしく器用にやるので、面白い先輩がいるな、と思

っていた。ぶっちゃあはノリはいいけど、当然挨拶などには厳しく、僕もヤンキー上がりで筋は通っていたので、よく話すようになって、仲良くなった。

僕は大阪写真専門学校に一年ちょいいいて、映画の勉強してたんですけど、元は写真が好きで……なんて話をしたら、実は俺も、とぶっちゃあは語りだした。

俳優養成所に来てはいるが、シンプルに『仁義なき戦い』のような映画が大好きだ。父親が水道工事の仕事をしており、設計などを手掛けていて、おまえは大阪芸大のデザイン学科に進めということで、受験してみたら合格したが、合わずに途中で辞めた。ただ、芸大にいた頃写真や映像の方を見てみたらそっちは良さそうで、辞める時にできたばかりの日活芸術学院の技術系の専科を東京まで受けに行って、受かったのだが、事情があって東京には出られなかった。それでもやはり映画作りに関わりたくて、この東映の養成所に来た——ということだった。

僕は出役よりも裏方志望だったが、ぶっちゃあは技術系志望から入って、俳優として出たいという気持ちがどんどん強くなっていったそうだ。その時から僕らは正反対だった。それでも妙にうまがあった。

酔狂キネマ、設立

そうこうして半年くらいたってくると、僕も現場の仕出しなどに行けるようになった。先に現場に出ていたぶっちゃあにもあれこれ聞きながら日々を過ごしていた。

その時知り合っていまでも仲良くしているもう一人の大事な仲間が、徳井優だった。

あの個性派俳優と一緒に生活していた時代があったのだ。ぶっちゃあが養成所の三期生。徳井は学年は僕より一つ下で、僕が専門学校に一年行ってから養成所に来たのとは違い、高卒ですぐに養成所に入ったので二人とも五期生。養成所時代は、僕らは兄弟のように何をするにもつるんでいた。一番上の兄貴がぶっちゃあ。次が僕。徳井が弟分。

僕が言い出しっぺとなり、写真学校の仲間からカメラや機材を借りてこられるから、自主製作の映画を作ろう、と動き出すことになった。僕らの他に、何人か四期生のメンバーたちもそれに加わった。

そうと決まったら、ガワ（枠組みや見た目）から動き出すのが僕らの常である。ちょうどぶっちゃあが京都で住んでいたアパートから引っ越すということだったので、そこを自主製作映画グループのたまり場にしようということになった。アパート代は当時で三万円くらい。ぶっちゃあが一万五〇〇〇円出して、残りを僕と徳井がさらに折半する。ぶっちゃあは多く出しているので、二部屋あるうちの一部屋は彼がそこに住んでもいい、ということにして「基地」を確保してスタートした。

ぶっちゃあは、その頃、先輩の中でもほとんど大部屋の下ぐらいのポジションにいて、毎日、斬られ役として現場に出ていた。やはり元気で個性的だったので、現場でも有名だった。もちろん生意気だといじめられもしたようだが、大勢にかわいがられていた。

現場に来たスターとも比較的すぐに仲良くなっていて、たとえば、『その後の仁義なき戦い』で来た根津甚八《じんぱち》さん、『総長の首』で来ていた元キャロルのジョニー大倉さん、などなど。現場があるといろんなことで知り合いが増えていって、僕と徳井はいつも一緒だったので、紹介される、ということがあった。

僕らの自主製作映画グループ名は「酔狂キネマ」という。何を隠そう、このグループ名の名付け親は、あの宇崎竜童さんだった。

根津さんと同じ『その後の仁義なき戦い』に出演していた宇崎さんとも知り合ったぶっちゃあに呼ばれて話をしている時のこと。いま自分たちで自主製作映画のグループを作ってて、名刺とか連絡先を書いたものを作りたいんですよね、と話したら、

「じゃあ、まずは名前を決めたらどう？」

「そうですよね。僕は、～キネマ、みたいなのがよいかなと思ってるんです」

「そしたらさ、伊達や酔狂の酔狂で、酔って狂うの酔狂キネマってどうかな」

と宇崎さんが言ってくれた。それはすごくいい！　と舞い上がった僕らは、さっそく宇崎さんにつけてもらった「酔狂キネマ」という屋号で、ぶっちゃあ、僕、徳井で名刺を作ったのだった。あろうことか、大金をはたいて「酔狂キネマ」という看板も作ってアパートにか

けることにした。

ガワは完璧だった。しかし、関係者の卒業に時間がかかったり、何より僕らがその途中で森田と知り合って即座に東京に出ることになったりしたこともあって、結局、映画は完成しなかった。

こういうの、よくあるわけじゃないんです

ぶっちゃあは、もう皆さんご存じの通りで、出会った最初から強烈なキャラクターで一度見たら忘れられない人だった。

養成所では、挨拶にうるさいけど、基本的には面白く優しい人、という見られ方だったが、関係が深くなればなるほど、この人がちゃらんぽらんなのがよくわかった。

あれほど時間にうるさく、「おい、現場では遅刻したら絶対アカンからな!」と周りに言って回っているくせに、よく見ていると遅刻ギリギリ、どころかバレない遅刻は山のようにしている。八時集合というのに七時五〇分までは寝ている人である。

が、そこからの挽回が見事でもあった。カラスの行水という言葉は彼のためにあるのでは、というくらい風呂に入って出てくるのが早い。いったいどこを洗っているのだろうか。

酔狂キネマの基地でも、結局ぶっちゃあもそこで生活しているので、だんだん洗濯物はた

まる、掃除もしない、だらだらしている、ということになり、皆が集まる「基地」が汚れて、ぐちゃぐちゃな部屋へと変貌しつつあった。

たまに僕らが泊まり込んでいると、ぶっちゃあは夜の木屋町でバイトしていたので、仕事が終わってから飲みに行って、明け方帰ってきて、

「あれ鍵がない、ドンドンドン、鍵どっかやっちゃったぁ」

「なんすか……今日は朝早いんすよ……」

「ちょっと開けてよ。おぉ、ありがとう。助かった」

「じゃ、まだちょっと寝ますから」

「いやー、腹減ったな。よし、いまからラーメン食いに行くぞ」

「えぇ〜……（マジか……）」

ということもあった。

彼がだらしないのか、相手がだらしないのか、というよくわからない出来事があった。案の定夜中に帰って来たぶっちゃあ。女の子を連れてきた。徳井と僕はまだ起きて作業していたのだが、カンカンカン、という階段を上る音に、

「お、山部さん、帰って来たで」

「また酔ってるんでしょ。あれ、足音多くないすか？」

徳井が気づいた。

「……誰か連れて帰ってきましたね」

それはヤバい、と急いで電気を消して隣の部屋にこもって完璧に寝たふりをした。

僕らは基本的に基地には泊まらないことにしていたのだが、映画の製作や相談をしている時は泊まったり、ご飯を食べてから解散したりしていた。お互い家は別にあったのだが、その日も話し込んでいるうちに遅くなってしまって、泊まって行こうと話していたところだった。

「あ、やっぱいたか」

「えぇ、なにぃ？　あー岡くんも徳井くんもいるやぁん」

——おい、徳井、女やで。

——あれは、エキストラ事務所の○○や。

——えー？　……ほんまや……。

と徳井と布団をかぶって小声でこそこそ話していたら、ぶっちゃあが、スッとこちらの部屋の扉を開けて様子を見て、

「まぁ、ええか」

それから、扉をしっかり閉めて、

「寝よ寝よ」

「大丈夫なん？」

「ええから、ええから」

と言って、なんと隣の部屋でふたりでコトを始め出した。

――えー！　始めよったで！

――うわ、どうしよ。

――もう寝るしかないわ。

――そうすね、もう僕先に寝ますわ。

と話して徳井は寝てしまった。僕も目をつぶるが、寝ようとすればするほど音が聞こえてくる。聞きたくない。でも聞こえてくる。寝られるわけがない。

結局、朝までしっかり寝ることができなかった。六時に起きた徳井は、……じゃあ、帰りますわ、と言って静かに出て行った。僕はようやくそれで寝つけたのだが、ぶっちゃあが八時にもぞもぞ起き出して、こちらの部屋をのぞいて、

「ああ、まだ寝てるわ。昨日遅かったからな」

とかなんとか酔いも冷めたのかまともなことを言っている。それで、

「じゃあ、俺は先に出るわ。うん、岡いるから、大丈夫だから、鍵は。もうちょい休んでってな。寝とってええから」

「うん、そうするわ」

という二人の会話があって、ぶっちゃあは出かけていった。

それを確認してから、ようやく僕も起き出して、

「○○さん、○○さん！」

「あ、岡くん。よく寝られた？」

「寝られるわけないでしょう！　なに考えてるんですか！」

「いやぁ、ごめんねぇ……」

見るとぶっちゃあの少し大きいTシャツをパジャマ代わりに着させられて、ベッドの上に座っていた。

「いや、もういいっすわ」

「岡くん、今日は忙しいの？」

「忙しいっていうか、いろいろあるんで、一回家に帰りますよ」

「ああ、そう」

「顔洗って、ちょっと着替えないと。○○さん、今日は仕事ないんすか？」

「うん今日は大丈夫」

それでちょっと身支度をしてから、なにか食べますかって朝食のようなものを用意した。

「ねぇ、もうこんなの言わんといてね」

「誰にも言えるわけないじゃないですか」

「こういうの、よくあるわけじゃないし」

聞いてもいないのに一人でしゃべっている。見ると、脇に缶ビールが置いてある。酔ってきたのか、だんだんこちらににじり寄ってくる。

「岡くん、もう行かなあかんやろ」

と何回も言う。

「はい、もう行きます」

と答えるということを繰り返す。その時は本当に別の用事があって、嘘みたいな話だが、養成所に入って来た後輩の女の子とお昼にお好み焼きデートをする予定だったのだ。その子のことが頭にあるのだが、目の前にはにじり寄ってくる年上の女性がいる。

――早くここから出なければ。

そう思って、

「あの！」

と言いかけてふっと見たら、もうおっぱいが半分見えそうになっていた。Tシャツの下はノーブラだった。

僕も一九歳。無理だった。結局朝からコトをしてしまった。昨日一晩ぶっちゃあと寝てて、この人はいったいどうなっているんだろう……と思ったが……。

それから数か月後のこと。その◯◯さんとぶっちゃあともう一人別の女の子と車で出かけたことがあった。後部座席にはぶっちゃあと別の女の子、僕が運転して、隣には○○さんが乗って来た。横に乗ってきたときにはもう出来上がっていて、ぶっちゃあがいるのに、運転中に僕の股間をもんだり触ったりしてくる。

どうやら、酔っぱらうとタガが外れてしまう人のようだった。素面《しらふ》の時に会ったら、本当にいい人なので、そのギャップもすごい。大学にも通っていて、すごくきちんとした人だった。

が、酔っているときはダメなのである。ぶっちゃあにもその様子が見つかって、

「こら、○○、ダメだろう！　岡も、事故起こすなよな」

と言われた。

「はぁ、すみません」

と走り出すと、開けた窓から入る風にあおられて、また○○のおっぱいが見えた。見たかったわけではないのだが……。

「あらぁ、ブラ取れてもうた」

なんやねん、本当に。と思ったのだが、養成所を出て、僕らもお笑いの世界に入って、数年後。この○○さんをテレビで見ることになるとは思わなかった……が、それはまた別のお話。

そうだ、東京に行こう

養成所時代にはこれ以外にも本当にいろいろな出来事があったが、ぶっちゃあとは大きく喧嘩をしたりとか、ソリが合わない、ということは一度もなかったように思う。彼は丁寧に東映のことや現場でのことを教えてくれたし、僕も縦社会になじんでいたので、何かあったら意見はいうし、徳井と、

「もう山部さんは……だったんだよ。ひどいよなぁ」

「本当ですね」

と愚痴ったりしたこともあったが、基本的には彼の言うことを聞いていた。

まあ、迷惑は迷惑なところもあるが、愛すべき人だった。

なんというか、僕にとっては「きっかけを作ってくれる人」だったのだ。

森田と知り合えたのもぶっちゃあのおかげ、宇崎さんに名前をつけてもらえたのも、彼がきっかけを作ってくれたからだ。

ただし、このきっかけ作りは、必ずしもよいことだけもたらす……とは限らない。けっこうな厄介事もたびたび持ち込まれた。だから、後になってみないとわからないのだ。そのきっかけがよかったのか、悪かったのかは。

養成所は基本は一年で、もっとやりたければ、研究科、専科とあがることができて、最長で三年くらいは勉強する身分が得られた。その後は、養成所は東映京都芸能の付属になっているので、東映京都芸能所属の大部屋俳優という身分になる。僕らの時代の前は、東映の社員になって大部屋俳優になっていたが、その頃は社員俳優は募集していなかった。

俳優として成り上がろうとしたら、そうした大部屋の中で目立って、引き抜かれていく必要があった。『蒲田行進曲』の原作は松竹蒲田撮影所ということになっているが、映画で描かれているのはほぼすべて東映京都の世界である。まさにあの感じであった。

大部屋に残った俳優たちには給料が出た。仕事をしてもしなくても出る。先にも述べたが、危険手当や水濡れ手当が付きそうな仕事は皆、積極的に引き受ける。『蒲田行進曲』でヤスが階段から転げ落ちるのも、手当がつくからだった。

大部屋俳優の中で一番きちんとしていた方が「五万回斬られた男」こと福本清三さんだった。『太秦ライムライト』でも主演を務められている殺陣《たて》の達人。彼はわが道を行くスタイルで怖い顔をしていたが、寡黙で良い先輩だった。

その時の僕から見たら、彼を除いて芽が出ないで残っている俳優たちのほとんどは、やってもやらなくても出る給料で生活ができることに胡坐《あぐら》をかいているように思えて仕方がなかった。

東映にきて二年目になった。だんだん現場も増えて斬られ役をやるようにもなった。しかしそんな先輩たちの様子を見ていると、このままここにいて俳優をやっていくとしても、その先に展望が見えなかった。中央志向というのもあったかもしれない。それで、これは東京に行かなきゃだめだと思ったが、でもなんにもないまま東京に行ってもな、とも思った。

ぶっちゃあも、現場志向が強く、「東京に行きたい」とよく言っていた。

そのようなタイミングで、ぶっちゃあが森田と知り合い、東京に行くことになったのだ。

3　ブッチャーブラザーズ、誕生

「お笑い君こそスターだ!」に命運がかかる

漫画でいったら、いきなりクライマックスから始まる展開。それが僕らのお笑い人生だった。

かつて『笑ってる場合ですよ!』という番組があった。

一九八〇年からフジテレビ系列ではじまった番組で、後のお化け番組『笑っていいとも!』の前身である。

プロデューサーは横澤彪《たけし》さん。司会はB&Bでレギュラー陣にはツービート、明石家さんま、紳助・竜介と漫才ブームだった当時の爆発的人気を誇るタレントが揃っていた。

その中の一コーナーに「お笑い君こそスターだ!」があった。プロでもアマチュアでも誰でも参加OK、全国の視聴者からの賛同が一定量集まれば合格で、それを五日間勝ち続けられるとグランドチャンピオンとなる。

　このコーナーからは、ダウンタウン（当時は「まさと&ひとし」）やハイヒール・モモコ、そのまんま東（東国原英夫）、などなど、これまた錚々《そうそう》たる面々が輩出されることになるのだが、何を隠そう、我らブッチャーブラザーズもグランドチャンピオンになっている。

　というか、もしこの時チャンピオンになれていなかったら、サンミュージックに戻ってお笑い芸人となり、芸能界にいることはできなかったので、実際はこのコーナーへの出演がその後の命運をかけたオーディションでもあったのだった。

　京都の撮影所から東京に出てきてから、ぶっちゃあとは関西弁で中学の頃の話やらなんやらをしょっちゅうしゃべっていた。まだ吉本の芸人たちもそれほど関東に進出していなかった時代。東京の日常において関西弁は珍しいものでもあった。僕らがしゃべっているのを聞いていた森田から、

「もうおまえら、バカなことばっかしゃべってんじゃないよ」

　と突っ込まれるやり取りを見ていた人たちからは、漫才聞いているみたいだよねって良く言われたものだった。三人のやり取りはまるで珍道中だった。

　ある時、本栖研修所で「コント」をやったことを知っていた、とあるマネージャー氏から「お笑いやる気ない？」と誘われたこともあった。でも僕らとしては、ぶっちゃあは俳優になりたい、僕は映画を作りたい、というそれぞれの希望があったので、森田の付き人時代は

断っていたのだった。いまからお笑いをやるなら関西にいたときに、最初から吉本や松竹に行っていたのにな、と後で思うのも嫌だった。

森田との関係や会社との関係は悪くなかったが、このままずっと付き人をやっていても先が見えない、ということで、僕らはサンミュージックを辞めることにした。フリーとして活動することになったのだが、事務所に所属していない身では、役者になるのもなかなか難しかった。

しばらく東京でくすぶっていたのだが、そういえば「お笑いやったらどうだ」と言われていたのを思い出し、ブームにもなっていた「お笑い君こそスターだ！」に挑戦してみよう、という話になった。きっかけがどうあれ、世に出る道があれば、そこを歩めばよい、と考えたのだ。

よし、とハガキを送ってみたものの、特に音沙汰もない。考えてみたら全国から数多くのハガキが来るわけで、その中から拾われるのもそもそも難しいのだ。そこで、先のマネージャー氏に「実はこういうわけで、オーディションに出てみようと思ってハガキを送ったんですけど」と伝えると、「えっ、そうなの？　本当にやるんだったらスタッフよく知ってるから電話かけてあげるよ」との返事をもらえた。

これでつながりができたかもしれない、と思って電話を切ってしばらくすると、すぐまた電話が鳴った。

「来週って空いてる?」

「バイトしかしてないんで、空いてますよ」

「よし、じゃあフジテレビ行こう」

といって翌週フジテレビに行き、そのまま事前審査となり、なんか面白いね、と興味をもってもらい、番組に出られることになった。やはり持つべきものはコネクションである。

実はそのマネージャー氏、ちょうどお笑いを手掛けてみたいと考えていたとのこと、

「もし、グランドチャンピオンになれたら、会社に掛け合ってお笑い枠で採用してもらう」

と言ってくれたのだ。

しかし、彼もお笑いについてはほぼ素人、アドバイスできることもなく「何とか頑張れ!」と、僕らは「本当の実力」で戦いに挑むことになった。

一九八一年、田中康夫の『なんとなく、クリスタル』が刊行されて話題となった。時代はブランドブーム。皆が揃ってヴィトンを求めた。

先にも述べた京都時代、中学にもお金持ちの子がいて、彼らは傘のマークのアーノルドパーマー、ペンギンマークのマンシングウェアなど、ワンポイントのブランドものをたくさん揃えていた。

そんなことを背景に僕らが作ったバカ話が次のようなものである。

「いやいや、いまや、右も左もヴィトン、ヴィトンですな」

「ラコステ、パーマー、マンシングもありますね」

「実は私、京都出身ですねん」

「あら、そうでしたか」

「そうでしたか、って自分も京都出身やんけ」

「そうだった、かもしれません」

「そないな大事なこと、忘れたらあかんで。そいでな、中学の時、祇園の子らは皆して、ワンポイントのブランドの服を着てたわけや」

「さすが、おしゃれやね」

「そうそう。でもうちら庶民はそんなん買われへん。指をくわえて見ているだけ」

「くわえる指があるだけうらやましい。うちのオトンなんて、手が真ん丸になってもうて」

「ちょちょちょちょ、テレビで言える話なん？　それ」

「はいはい、ドラえもんでしてん」

「なんでやねん。まぁまぁええから。そいで、うらやましいなと思ってたら、隣のせがれがある日突然、マンシングのＴシャツを着てきてん」

「どういうこと？」

「と思ったら、次の日は傘のマークのTシャツ」

「んー、パーマーやね」

「そうそう。でもよく見ると、ペンギンはちょっと太ってるし、傘は閉じてる」

「えぇ～マークが生きてるんかいな？　痩せたり太ったり、開いたり閉じたり」

「違うがな！　でな、そんなんが続いて、なんやろって考えたら、そいつん家は刺繍屋やってん」

「なるほど！」

「オカンがそんなん家で作れるやんって、勝手に刺繍してくれたらしい」

「それはそれでうらやましい。問屋制家内工業ってことやね」

「なんや、急に難しいこと言い出してからに」

「いやいや、ほいでうちもブランドブームやから、Tシャツこうてみた」

「ん……。ラコス……いや、これワニの向きが逆やで！」

「となると、これは……（二人で声を揃えて）クロコダイル！」


時間としては毎回たった二分。二分間で視聴者の心をつかまなくてはならない。

生放送中、北海道から九州あたりまで全国の約一〇か所にいた電話審査員がネタを見て、それぞれネタが終わったら電話で番組に評価を伝える。ＯＫの場合は、スタジオ内の審査表示がぽこっぽこって点灯していく。今では即時に結果が表示されるのが普通の感覚になっているけれど、アナログな電話審査にはなんともいえない間があったのが印象的だった。

表示が六つつくと、その日は合格。それを五日連続で達成するとグランドチャンピオンになれたのだ。その時は本気でどこまでお笑いができるか、二人とも疑問だったが、なんとか勝ち抜くことができた。

チャンピオンになったことで、それなりに人気者になれた。

スタジオアルタの周りを歩いていると、「あ、ブッチャーブラザーズだ。見てたよー」と女子大生やOL、若いサラリーマンなどによく声をかけられるようになった。界隈には学生向けの安いパブがたくさんあって、飲みに行けば番組を見ていたという店長さんが奢ってくれたりした。

まあ、その程度の「人気者」ではあったが、今でも新宿に来ると毎日用もないのにアルタ周りに行っていたことを思い出す。

コンビ名はどこから来て、どこへ行くのか

話は前後するが、番組出演までの流れがあまりに急だったため、僕たち二人はコンビ名も芸名も考えていなかった。

何か考えなきゃね、と街を歩いていると映画『ブルース・ブラザース』が公開されていた。一緒にいた仲間が、「この映画、ぶっちゃあと岡の二人みたいだよね」と言っていた。典型的なでこぼこコンビ。

僕はブルースが好きで、ぶっちゃあはギターもやってフォークもカントリーも好き、それなら、「コンビ名はブルース・ブラザースが格好いい！」と一致した。

しかし、テレビ局側に提案すると「実際にあるものの名前は……」という反応。いまでこそ、インパルスでも出雲阿国でも何でもありだが、そういうところは昔の方が細かかったのかもしれない。

ところで、ぶっちゃあは、最初からぶっちゃあだった。

先にも述べた通り、僕は今に至るまでずっと「山部さん」と呼んでいる。

東映時代、まだ森田の付き人をやる前、大川橋蔵さんらに可愛がられながら『銭形平次』の仕出しに出ていたぶっちゃあは、平次の子分である八五郎役としても人気を博していた林家珍平さんとも仲良くさせてもらっていた。珍平さんが筋金入りのプロレスマニアでなかったら、また「歴史」が変わっていたかもしれない。

さて、先に池に落ちると手当が出るという話をしたが、丸坊主にしても手当が出た。だいたい五〇〇〇円くらいだったと思う。『銭形平次』でも茶坊主役の仕出しの仕事があって、本当に坊主にしなきゃならないんだけど、誰かいないか？　という話になった。

即、手を挙げたぶっちゃあ。結髪さんの手によりみるみる刈り込まれてきれいな坊主頭になった。坊主になるのを見ていた珍平さんと一緒にいたメークさんが面白がって、

「この感じで傷でもつけたら、プロレスラーのブッチャーみたいだよね」

「ちょっと、血糊つけてみようぜ」

とふざけておでこにぴょっと血糊をつけたところ、それが跳ねてぶっちゃあの目に。

「痛い痛い！　やめて！」

とぶっちゃあが洗面所に駆け込み水でパッと流して戻ってくると、本当に流血したときのブッチャーにそっくりだった。

「なんだよ、お前、ブッチャーそのまんまじゃん！」

と珍平さんは大爆笑。騒いでいるのをのぞきにきた橋蔵さんもスタッフも皆爆笑。

――それで、彼の名前はぶっちゃあになった。茶坊主からブッチャーに出世できた、という由緒ある名前なのである。

その日以来、皆がぶっちゃあと呼ぶことになったので、森田もしばらくは山部という本名を知らなかったくらい、浸透していたのだ。

ブルース・ブラザースが却下となった僕らだが、出演はもう明日に迫っていた。

「もう、仕方ないね。ぶっちゃあをブッチャーに戻して、ブッチャーブラザーズで行こう」

と決めた。

ブッチャーブラザーズは昔の漫才のパターンの入りをしていたので、

「どうも～ブッチャーブラザーズです！」

「ぶっちゃあです」

「その友だちです！」

……友だちって誰やねん、と思われるだろうが、そう、最初は僕には芸名がついていなかったのだ。その入りで一日目、二日目と勝ち抜いていたが、

「やっぱり、どうにもしっくりこないね」

ということになった。

「お笑い君こそスターだ！」に出る前のこと。実は大阪写真専門学校時代の悪い先輩ヤマオカも上京してきていて、ピンク映画に関わりのあった彼の伝手《つて》で映画に出演したりしていた。さすがに本名で出演するのは気が引けたので、歌舞伎「白浪五人男」から南郷力丸を借りて、それを芸名にしていたことがあった。

またその前に『仁義の墓場』という深作欣二監督の映画があって、主演の渡哲也さんの役名が石川力夫だった。その役がすごい好きだった。

それで、力丸と力夫から転じて力也という芸名はどうかな、という話になったのだが、力

也を少し洋風にしてリッキーにしたらいいじゃない、ということになり、この勝ち抜きの間だけの名前だから、五日間リッキーで行こう、と決まった。

「どうも〜ブッチャーブラザーズです！」

「ぶっちゃあです」

「リッキーです！」

「よろしくお願いします〜」

しっくりきた。しっくりきたまま、それが芸名となり、もう四二年がたってしまった。

これがブッチャーブラザーズ、並びに僕らの芸名の由来なのだ。

恩人はてんや師匠——サンミュージック初の芸人になる

そんなこんなで、プロのお笑い芸人として、改めてサンミュージック所属となった。

以前は付き人兼マネージャーのようなものだったが、今度は表舞台に立つタレントとしてである。しかし、いくらプロとしてプロダクションと契約していても、正直なところ芸人の経験値としては、約二分×五日分のネタがあるだけである。

これでは厳しいな、と思っていたが、それがいかにまずいことかを予想より早く露呈することになった。

当時、サンミュージックにいらした都はるみさんは現役バリバリ。毎週のように興行・公演があった。当時の公演は演歌＋お笑いのパッケージになっていることがほとんどで、たとえば、第一部がお笑いショー、第二部が演歌という流れになっていた。

第一部のお笑いショーは、てんやわんや師匠や玉川カルテットさんなどの大御所が二〜三組出てきて、それぞれ二〇〜三〇分ネタをかける。第二部は都はるみさんが登場して一時間半ほど歌う。一〇〇〇〜二〇〇〇人規模が入る地方の会館を、そんなパッケージで年間三〇〜四〇本近く回っていたのだ。

というのは、プロダクションにとっては、レコードがヒットしてもそれほど上がりが入ってくるわけではない。レコードの売り上げは原盤権を持っているレコード会社に入るからだ。では、何で儲けるのか、というと、こうした興行が占める割合が大きかった。単純計算で、一五〇〇人×チケット代五〇〇〇円で、七五〇万円である。多い時には月に一〇本、年間で五〇本は打っていたように記憶している。

いまも昔も、現金収入が一番なのである。しかしこのサンミュージックにおける「芸能＝興行」という考え方が、後のサンミュージックお笑い班にとっての大きな壁となるのだが、それはまた別のお話。

それで、ブッチャーブラザーズも芸人になったから仕事をさせよう、という話になり、都はるみさんの興行についていくことになった。もちろん、出演するのは第一部である。

……忘れもしない、「芸人」としての初舞台は群馬県の高崎市文化会館。

歌手や大御所ゲストはそれぞれの車などでやってくるが、僕ら若手はバンド一行やスタッフさんのバスに同乗して現地入り。それまで役者をやっていたといっても東映のスタジオの中だったし、アルタでの生放送収録もせいぜい一〇〇人くらいを前にしただけなので、劇場の大きさにいきなり圧倒された。

「こんなところでやれるんかいな……」

「やるしかないな……」

ぶっちゃあと二人、不安しかなかった。

しかし、われわれの不安なんて、おかまいなしに、着々と準備は整い出演時間は迫ってくる。

第一部が始まる前、バンドの機材がスタンバイOKになると、「幕前」が行われる。緞帳《どんちょう》が開く前にスタッフが出演者を紹介するのだ。

「皆さん！　こんにちは。まずはフジテレビの「お笑い君こそスターだ！」で五日勝ち抜き、グランドチャンピオンになり、サンミュージックに所属となりました、若手注目の漫才師が登場します。ぜひぜひお楽しみに！」

実際のところ、ブッチャーブラザーズをお楽しみにしている人間などいなかった。

幕は開いたが、拍手はまばら、客入れも途中でざわざわしている。それでも人は八〇〇人近くいる。その圧にあっという間に舞い上がってしまった。

しかも、持ち時間は一五分。先にも言った通り、かろうじてウケる（であろう）持ちネタは二分×五で一〇分しかない。なんとかつなぐしかない。

前の二～三列目くらいまではちょっと見てくれる人もいて、最初は少しくすっとしてくれたりしていたが、気がつくと正面を向いてくれていたその人たちも、真横を向いてしまい誰一人として舞台を見なくなってしまった。

八〇〇人もいるのに、誰も舞台に注目していない。客席の止まないざわつきと、反応がないことで無音の中でひたすらしゃべっているような感覚の舞台の上との間に、透明な見えない壁があるようだった。

完璧に舞い上がってはいたが、「あ、前から三列目のお客さん、いまにやっとしたな」とか、非常に細かいことだけ、よく見えた。後でぶっちゃあに聞いても同じように見えていたそうだ。不思議なことである。

ぼんやりしたままソデに引き上げて、楽屋に戻ると、ぐったり椅子に座り込んでしまった。

「お疲れ。次もよろしくね」

出演しているタレントたちのマネージャーに声をかけられた。そうなのだ。次のショーの前にも出番があったのだ。

「あまりにも……ひどかったね」

「お笑いは簡単じゃないなぁ……」

「もうお笑いはやめよう」

「うん、今日で思い知ったよ。そうしよう」

できなかった衝撃が大きかったのを差し引いても、いま考えると短絡的すぎるし、悪い意味で決断が早い。僕らはお笑いを諦めようとしていた。

「これで二回目も出るのか」

「無理じゃない？」

「二回目出るの嫌だし、あまりにもひどかったから、もう先に電車で帰っていいですかって言ってみようか」

よくそんな後ろ向きで身勝手なことを言おうとしていたものだが、偶然の神さまが僕たちを救ってくれた。

てんや師匠だった。

がちゃっと楽屋のドアが開くと、

「おうおう、お疲れさま。大変だったろ。初めて？　舞台は」

「そうなんです」

「いや、これだけの人数を笑わすなんてのは、本当に大変なことだよ」

——そんなことはない。僕らはそれを知っている。

ソデに引き上げてから、楽屋に戻るまでの間、ぼーっとしながらも師匠たちの舞台を見ていたのだ。

「まずはてんやわんやさんです」と紹介があると、もうそれだけで観客席はわーっと沸いた。どうもーとふたりが出て行って、わんやさんがてんやさんにぽこんってぶつかるだけでドカンとウケた。大爆笑。間と雰囲気が絶妙だった。

その後に出てきた玉川カルテットさんもすごかった。「私しゃ、も少し背が欲しい」とお決まりのフレーズを言うと、客席がうねるようにぐうわぁって盛り上がった。

大御所の芸人はすごいのだ。僕らみたいなのとは違って……。

「そうだ、二回目までまだ時間あるからさ、ちょっとコーヒーでも飲みに行こうよ」

そう言うと、師匠は先にドアを開けて出て行ってしまった。そうなるとついて行くしかない。

近くにあった喫茶店に入ると、コーヒーを三つ注文してくれた。落ち込んでるのを慰めてくれようとしているのか、それともウケなかったことへのダメ出しなのか。

そのどちらでもなかった。

「初めてのステージ、ちょっと見させてもらったよ。そう簡単には皆、話を聞いてくれないよね……」

「もともと市役所の職員とお巡りさんで組んだんだ。僕らのコンビは……」

途中までは、テレビで見ていた師匠が目の前で話している、ということがにわかに信じられず、ぼんやりとしていたが、次第に話に引き込まれていった。

そして、弟子の星セント・ルイスさんの話になった。

彼らが弟子にして欲しいとやって来たとき、話芸があったわけじゃなかったし、玄関口で断ろうと思ったんだ、と言って話を続けた。

「何ができんの？　でも、弟子は取らないからね」

「そうですか。ん〜じゃ、アレいいですかね？」

と言うと、セントさんは玄関に吊る下がっていた電球を指さした。

てんや師匠が、

「え？　あぁ、うん？　電球なにすんの？」

と何のことやらわからないでいるうちに、

「そんじゃ失礼して……」

背を伸ばして、くるくる電球を回して傘から外した。

「それで何すんの？」

と聞くも、いや、ちょっと、と言うが早いか、セントさんは電球をバリバリ食べ始めた。

「おいおい、何してるんだ君は⁉　頭おかしいの？　大丈夫？」

「はいはい」

まだバリバリ食べてる。てんや師匠も芸人だ。

「――ところで味はどうなんだ？」

「そうですね、ん、これは東芝か。ナショナルの方がもうちょっと甘いんですよね」

「そんなわけあるかい」

「蛍光灯はね、あんまりいただけないんですよ」

と本当かうそかわからないやり取りを続けているうちに面白くなって、二人の弟子入りを認めたということだった。

しかし、てんや師匠の直感は正しく、星セント・ルイスは「田園調布に家が建つ」で一世を風靡し売れっ子になった。しかし、彼らの本当のすごさは「現代の感覚」を敏感に察知する能力にあった、ということも教えてくれた。

彼らのネタをてんや師匠が見ていたときのこと。道案内のシーンだったが、

「えー、そこを真っすぐ行って、次の角を右。薬局があるね。そこを左」

「へいへい、左ね」

「左行ったらね、そっからはずーっとね、上行って、上行って、上行って……」

「ちょ、ちょっと、なんで上なんだ？」

とてんや師匠が話を止めると、

「師匠……。もういまどき庶民が住んでる家ってのは、一戸建てとか平屋じゃないんです

よ！　マンションですから。これからの住所ネタなんつうのは、エレベーターに乗って全部上に行くんです！」

てんや師匠もハッとして、なるほど……と心の中で深くうなずいたそうである。「田園調布に家が建つ」も元々は「鎌倉に家が建つ」だったそうだ。しかし、それを田園調布に変えた。語感やリズム感も、現代性も田園調布にした方が抜群である。お笑いというのは、そうした「ほんのちょっとの違い」が決定的になるのだ。

「ところで君らは二人とも元々お笑いやりたかったの？　違うよね」

「はい、東映京都の大部屋にいました」

「本当？　じゃ、ちゃんばらできる？」

「できます。斬られ役やってたんで」

「そうしたら、武器があるじゃない」

――武器があるじゃない。この一言が早々にお笑いの舞台を降りようとしていた僕らを引き留め、そして今に至るまでそこにくぎ付けにした。そして、

「武器があるってことは、それがあると思っていたら芸に余裕ができるってことなんだ。でも、その代わり、その武器は最後に使うものと思って、取っておくんだよ。もちろんちゃんばらを織り交ぜた漫才やコントを作ればいい。でも一番の見せ場は、その武器が生かせるようにちゃんと取っておくこと。そこから全体をどうするか考えてみたらいいんじゃないか

な」

と教えてくれた。初めて会った、所属も違うほぼ無名の若手の芸人に、である。まるで僕らが「今日で辞めよう……」とひそひそ話していたのが聞こえていたかのような親身なアドバイスであった。

「今日がスタートだからね。おせっかいだけど、なんか落ち込んでるみたいだったからさ」

と笑ってコーヒーを奢ってくれた。

自分は赤坂の事務所にいるから、またなんかあったら電話して、お話しでもしに遊びにおいでよ、と言ってもらえ、何だか気が楽になったことで、二人とも落ち着いて二回目の出演も無事にこなすことができた。もちろんまったくウケないのは変わらずだったが。「ウケないこと」に早々に慣れたことで、その後はどんな舞台でもこなすことができるようになった。

とにかく、てんや師匠がいなかったら、今の僕たちは存在していない。師匠、あの時は本当にありがとうございました。

お笑い芸人養成勉強会——宮沢さんと竹田くんと竹中と

さて、これではいかん、ということを悟った僕らは、群馬から戻るとマネージャーと話し合うことにした。

「僕ら、なんもできないんで、営業に急に出されても無理です」

「いやいや、皆ウケなくてもやって、舞台を積み重ねていって芸を磨いてるからさ。ギャラにもなるし仕事出ようよ」

当時のサンミュージックは、歌手部門がメインで、お笑い部門は僕らだけ、マネージャーもお笑いが専門ではなかった。

「いえ、お金はいらないんで。自分たちでしばらく頑張ってみるんで、これはってネタができるまで営業に出さないでもらいたいんです」

いま思えば、素人に毛が生えたような若手が、とんでもなく生意気なことを言っていたとわかるが、当時はそうやって考えたことを口に出してしまっていた。マネージャーも怒ってもいいところだが、

「そうか、わかった」

と理解してくれ、僕らは当分はネタを練るという方針でよいことになった。

てんや師匠からの言葉をヒントに、役者からスタートしたから、僕らはコントの方がよいのでは、と考えた。「お笑い君こそスターだ!」は時間も短く、中学時代に僕が友だちとしゃべっていたような内容を漫才の形にした程度のものでしかなかったので、作るならコントだろう、と。

しかし、そんなに簡単な話ではなかった。何日も悩んで二人で話をしたが、一向に面白い

ネタが書けない。五分、一〇分で起承転結、オチがあって笑える話なんてこれまで書いたことがないのだから当然である。

そんな時、担当マネージャーが絶妙なアシストをしてくれた。都はるみさんなど演歌歌手の公演では芝居仕立てのシーンがある。ストーリーもきちんとあって、勧善懲悪、その中にギャグやコミカルなものも混ざっている。その脚本を書いているO先生を彼が紹介してくれたのだ。

O先生は六本木にあったシナリオ学校で教えていて、ちょうどコントを書いている生徒がいるので、彼らと一緒に勉強したらいいと二人の生徒を紹介してくれた。

一人は、宮沢章夫さん。彼は僕より少し上で、僕とぶっちゃあの間、当時二五歳くらい。唯一の仕事が文化放送で吉田照美さんが夜にやっていた『吉田照美のてるてるワイド』の一番下っ端の構成作家だった。

もう一人が竹田くん。彼は一見地味だけど非常に力のある放送作家で、当時からコントネタをかなり書いていた。後に彼が書いてくれたネタを僕らが何本かテレビでやることになって、その縁などもあってウッチャンナンチャンの番組やらバラエティーの構成を担当するようになっていった。当時は『笑点』の一番下っ端の構成作家をやっていたと思う。

その頃のサンミュージックは今のようにタレントや芸人がたくさんいたわけでもなく、いくつもある会議室がいつも空いていた。そこで、宮沢さんや竹田くんと集まっては週に二〜

三回、勉強会をすることになった。といっても、実際はほとんどネタにならないような世間話をしていただけなのだが。誰も売れていないので、時間だけは売るほどあった。

宮沢さんは「シティボーイズとかさ、クレージーキャッツの昔のコントみたいなのが書きたいんだよね。本当は」と言っていた。

「ところで、自分は多摩美出身で、同級生にタケナカってやつがいるんだけど、知ってる？」

「いや、知らないです」

「本当？　結構面白いやつで、原田芳雄のものまねとかすごいんだよね。テレビにもちょっと出たりしているんだ」

そうなんですね、なんて言っていたら、じゃあ今度連れてくるということになり、何回目かの勉強会にタケナカもやってきた。

そう、竹中直人である。

宮沢章夫、竹中直人、ブッチャーブラザーズ、そして竹田くん。その面々で週に何度か会って、「ネタ作り」をしていた時期があったのだ。竹中は自分で顔真似したのを撮影した写真をよく持ってきていた。

宮沢さんと竹中はその後、シティボーイズ、いとうせいこうらとともに演劇／コントユニットの「ラジカル・ガジベリビンバ・システム」を結成し一躍注目を集めることになる。

宮沢さんも竹中もお酒が飲めなかったのだが、勉強会が終わってちょっと飲みに行くかって話になると、新宿ゴールデン街や新宿三丁目によく出かけていた。

はじめて竹中と顔合わせをしたときも新宿ゴールデン街へくりだした。カウンターに並んで座って、

「竹中は飲めないから……」

と僕が言いかけると、宮沢さんが、

「いや、リッキー違うんだ。面白いんだよ、こいつ」

と笑った。

「ほら、竹中は原田芳雄やるだろう？　それでウイスキーをロックで飲んだりする真似やるじゃん。そしたら、そんときは飲めるんだ」

「うそー」

「いやいや、本当に」

「リッキー、本当なんだ」

竹中は真顔である。おもむろに、

「ウイスキー。ロックで」

もう入っている。原田芳雄である。その頃、ウイスキーはソーダ割りや水割りが普通だったが、原田芳雄ならロックなのだ。それでわかる。

ぐいっと大きく一口飲み、煙草をくゆらせて、

「映画ってのはさ……」

から始まって、原田芳雄の語りが広がる。ひとくだり終わって、我らがおおおっ！て拍手をすると、

「ふわっ！　はぁはぁ。やっぱ酔うわ。飲めないから」

我慢したりしているのとは違うと思うが、一つの芸の道を見た気がした。何年かたって竹中が少しお酒を飲めるようになった頃に会ったら、焼酎に凝っていると言っていた。

『ザ・テレビ演芸』にてグランドチャンピオンを目指す

この期間が後年につながるブッチャーブラザーズ、ひいてはサンミュージックのお笑いの創成期だったのかもしれない。僕らだけではそれほどしっかりしたネタを作ることはできないが、そうした演劇人たちとの出会いから拓かれたことがたくさんあって、それがネタに不思議な厚みをもたらしていたと思う。

たとえば、初期のネタに「卓球」というコントがあった。元々、宮沢さんとの間で、「そういえば、なぜか卓球をやってるやつは暗いってイメージがあるよね」という話が出たことがきっかけだった。宮沢さんも竹田くんもそうしたちょっと変わった角度からネタを考える感性があった。

それまでのコントは、いや、いまでもその傾向が強いと思うが、「医者のコント」「先生と

生徒のコント」「お巡りさんと泥棒のコント」など、何となくすぐに情景が思い浮かぶ、ドタバタなシチュエーションコメディが多かった。対して、ブッチャーブラザーズのコントが「今までにない」「斬新」「不思議」と言ってもらえたことが多かったのは、新しいお笑いの切り口を見出《みいだ》す彼ら二人の力が大きかったのだ。

「君、ちょっと待ちたまえ」

下を向いてトボトボ、陰気に歩いてくる男に、物陰から急に飛び出してきた男が声をかけた。

「……はい。なんですか？」

「君」

「だから……何？」

「君、暗いだろう」

「……え？　……はい、まぁ……え、だから何なんですか!?」

陰気な男は迷惑そうに答える。すると、

「君、暗いなら卓球をやるべきだ」

「……いや、やったことないですし……」

「ふっ。大丈夫だ。僕が教えてあげよう」

——というイントロで始まる「卓球」はその後、一度打ち返すごとに暗いことを想像させるワードを叫びながらやるもので、より暗いことを言った方が勝つ、という「卓球」だった。

「僕はなぜかわからないが小学四年生の冬まで、おねしょをしていた。ふんっ！」

「なるほど、まああだな。うちは、トイレットペーパーがないとき、新聞紙でケツを拭いていた。それも頻繁に。えいっ！」

「うわ、それは何て暗さだ。そこはかとない貧乏くささが漂ってくる――」

というくだらないことばかりを言い合いし、暗さ合戦をするのだ。

説明のために内容を記しながら、僕自身もこれが一体何なのか、やっぱりよくわからない。わからないけど、とにかくウケた。


「卓球」を筆頭にネタを作った僕らは、マネージャーがコネクションを持っていた、ちょうどテレビ朝日で始まったばかりの『ザ・テレビ演芸』にネタ見せに行くことになった。ネタ見せでは宮沢さんと竹田くんが構築した不思議な世界がとても面白がられた。

『ザ・テレビ演芸』は三部構成になっていて、その第三部が「とび出せ笑いのニュースター・ホップステップジャンプ」と題する勝ち抜き新人オーディションコーナーだった。このオーディションの審査員がまた凄かった。大島渚さん、糸井重里さん、漫画家の高信太郎さん、評論家の山本益博さんなどなど。司会は、横山やすし師匠。

大会は、若手芸人一対一の対抗戦。勝者が次週に進むことができた。三人抜き、つまり三週勝ち抜くとチャンピオンになり、さらにチャンピオンを集めたグランドチャンピオン大会があった。

これだけ練った、しかもウケるネタがあれば大丈夫だろうと思っていたが、ここでもやはりお笑いは甘くなかった。

最も自信をもって挑んだ初回の一週目。やはりここを勝ち抜かなくては話にならないので「卓球」持って挑んだ。結果は大爆笑。バカウケであった。よし、これで行けるねとぶっちゃあと二人、ホッとしたのもつかの間。対戦相手のネタがその上を行く爆笑をさらって行った。ネタとしては下手うまの類に入るようなものだったが、絶妙に審査員たちのツボに入ったようだった。

そして、いよいよ審査に。しかし、僕らを推してくれたのは糸井さんと高信太郎さんだけだった。――僕らは負けてしまった。

「いやー、ブッチャーブラザーズ。勝ったと思ったけどなー。でもあんなネタやんの、君らくらいやで。大丈夫や。すぐにチャレンジにおいで」

というのはやすし師匠のコメント。やすし師匠は審査員より先に思ったことを講評してしまうので、審査員泣かせだった。

大島さんは、

「いや、両方とも面白かったけどね、なんかちょっと、相手のほうが、ばかばかしくて笑ったかなみたいな。何となく」

糸井さんは、

「糸井重里が認めたチャンピオンで商売にならない？　それでいいじゃん」

と講評してくれた。

改めて挑みなおした一か月後、二回目の出演。二週勝ち抜いている相手だったが、「今度は大丈夫。絶対勝てる相手だ」と言われていたのに、僕ら自身の出来が悪く、敗退。

三度目の正直、と必死になった三回目の出演からようやく勝ち残ることができて、チャンピオンとなった。チャンピオンになった後は、するするとグランドチャンピオンに上り詰めることができた。

このコーナーから巣立った芸人もたくさんいた。大木こだま・ひびきがチャンピオンに、三代目グランドチャンピオンが宮川大助・花子。僕らが四代目で、竹中も見事六代目グランドチャンピオンとなっている。中村ゆうじは「東京バッテリー工場」で二代目グランドチャンピオン、その後ピンでも七代目チャンピオンになっている。

その時のご縁で、糸井さんと、それから雑誌「ビックリハウス」の編集長をされていた高橋章子さんとはとても親しくさせていただくようになった。

日本で最初のお笑いライブ──「お笑いハウス」開催

　突然だが、おそらく東京で、いや日本で初めてライブハウスでの「お笑いライブ」を立ち上げたのは僕らではないかと思う。いまとなっては当たり前となっているお笑いライブだが、当時はそのようなものは一切存在していなかった。後でも少し触れるが、お笑いといえば、寄席の定席か、あるいは吉本興業などを筆頭とするお笑い事務所が運営している箱（劇場）以外でやることなんて、誰も考えていなかった。

　そんな時、周囲にいた演劇人たちが自主公演をやっているのを見ていた僕らは、自分たちでも何かできるんじゃないか、やってみようと思ったのだった。「ぴあ」をぱらぱらめくっていると、渋谷に「プルチネラ」という小さな小屋があるのが目に飛び込んできた。たままそこが安かったので、良さそうだね、と調べてみると、「ひょっこりひょうたん島」などを演じていた人形劇団のひとみ座が所有している小屋で、東京ヴォードヴィルショーの旗揚げ公演をやった場所でもあり、その当時は山下洋輔さんや坂田明さんなどフリージャズの人たちもライブを行うような「伝説の劇場」だということがわかった。

　よし、ここで間違いない。チラシのデザインは多摩美出身の宮沢さんの関係者や竹中に頼んで、コピーは当時一行一〇〇万円と言われていた糸井さんにお願いすることになった。糸井さんは応援するよ、と言ってくれてお金は取らなかった。高信太郎さんも後見人として推薦文を書いてくれた。

ライブの名前は「お笑いハウス」。

日本語と英語の折衷が良いのでは、と先代の相澤社長が名づけてくれた名前だった。

しかし、出演者が僕らだけだとネタの数も少なく、間が持たない。そこで、劇場を見つけたときと同様に「ぴあ」をめくると、その中にいろいろな募集をかけられるはみだし欄があった。そこで、「お笑いライブ出演者募集」を告知することにしたのだ。

その頃は「ぴあ」が演劇などの情報の集約点になっていたので、さっそく一五～一六組ほどから出演希望の応募が届いた。なかには後のダンカンもいた。当時のダンカンはよこしまな気持ちから落語家志望となり、立川談志師匠の立川流に弟子入りしたいと言っていて、『ザ・テレビ演芸』でお世話になっていた高信太郎さん経由で、談志師匠に弟子入りのお願いを仲介したのは、ほかならぬブッチャーブラザーズだったのだ。

その他、僕らよりずっと先輩のパントマイマー、笑パーティーさんも応募してくれた。ちゃんとネタ見せをして、若い僕らが「出てよし！」なんて偉そうに審査していたのだが、楽しそうにしてくれていた様子に、懐の広さを感じた。

駆け出しの身分でこれだけ応援してもらったお笑いライブだったが――一回目、二回目までは良かったが、三回目で中止となってしまう。主な原因は自分たちのネタが開催ペースに間に合わず尽きてしまったこと。

中止になった三回目の時、お客さんが来てしまったら困るだろうと考え、ぶっちゃあと二人、劇場の前に立っていた。するとやはり数名の人がいらした。

「あれ、今日は……？」

「すみません、中止になってしまって」

「あぁ、そうですか。残念だなぁ……」

頑張ってくださいね、また来ますから、と言ってくれたことをいまでも無念さとともに思い出すことがある。

「次からはもっとちゃんと準備して、きっちり計画しないとな」

この経験がただの失敗に終わらず、役に立って花開くことになるのだが、それはもう少し後のことであった。

なぜか、そこに、ブッチャーブラザーズが
――ヘンタイよいこ白昼堂々秘密の大集会、参戦

「ビックリハウス」の中に「ヘンタイよいこ新聞」という読者投稿コーナーがあった。編集責任は糸井重里さん。その連載が終了する一九八二年に「糸井重里プレゼンツ ヘンタイよいこ白昼堂々秘密の大集会」という決起集会および解散式のどデカいライブをやることにな

った。

場所は品川プリンスホテルのゴールドホール。プロレスやボクシングの試合も開催される大広間に人工芝がひかれていた。登場するのは、忌野清志郎さんと坂本龍一さんを筆頭に、井上陽水、高橋幸宏、矢野顕子、篠原勝之、立花ハジメ、南伸坊、合田佐和子、栗本慎一郎、仲畑貴志、ムーンライダーズ、コント赤信号、浅葉克己、東京乾電池、三遊亭円丈……ブッチャーブラザーズ。

ブッチャーブラザーズ!? である。

東京乾電池は、比較的知名度が出てきた頃で、高田純次さんもメンバーだった。若手のコント師として名前を売り出していたのが、ナベ（渡辺正行）さん率いるコント赤信号。その二組は即決定したのだが、もう一組どうしようかという話になったらしい。その時、糸井さん、高橋章子さん、それからCM監督の川崎徹さんによる推挙もあり、糸井さんからの、

「ブッチャーブラザーズ、空いてる?」

という電話に、「はい」と即答。とんでもなく場違いな感じではありつつも、大舞台に前座として出演することになったのだ。

楽屋は大きな部屋が一つだけ。皆がそこを使っていた。その場では芸能界の格は関係なかった。皆がどうもーって挨拶しあっていて、僕らの隣にいるのが坂本龍一！ 僕は坂本さんが大好きで、服も髪型も似たような感じで揃えていた（そして、いまよりもっと痩せてい

た)。本物とニセモノが隣り合っていたわけだが、とても嬉しかった。

坂本さんを横目でちらちら見ていると、向こうから井上陽水さんが入ってきて、清志郎さんも挨拶に来て、矢野顕子さんもいて、という、嬉しくも恐ろしい楽屋であった。

東京乾電池にいた純次さんとか、柄本明さんですら、

「おい、おまえらいてよかったよ。なんていう楽屋だよ！　緊張するよな」

と言うくらいの凄さだったのだ。


さて、僕らの出番が来た。かけるネタはこれまた宮沢さんと作った、やっぱり変わったもの。舞台は学校で、僕が扮する学生がだーっと登場してきて、いきなり、

「俺はばかだ！　勉強は嫌いだ！」

と叫び、苦悩している。すると二宮金次郎の格好をしたぶっちゃあが、本を持って、

「それなら本を読みなさい」

と出てくる。効果音は『水戸黄門』の登場するときの音、ダン、ダダダダン、ダダダダン。

それだけで満員の観客がなぜか面白がって、全員が拍手。その音でネタの声が聞こえない。

ウケるのはウケていて、盛り上がっているのは伝わるが、具体的に何かが面白いというより、
雰囲気ウケをしていたように思う。

「そして本を読むなら、この読書養成ギブスを着けなさい！　これを着けると、本を読もう

と思っても、うっ、読めない」

ギブスの力で矯正されるので、本を開こうと思っても開けないのだ。

「このギブスを着けたまま本が読めるようになると、どんな本でも速読、いやそれどころか秒読が可能になるのだ」

「秒読ってなんですか？　梅毒の仲間ですか」

「ばか。お前はそんなだからばかなのだ。秒読っていうのは、あっという間、一秒で読めるっていうことだ。まあまあ、そんなことはいいから、さっそく着けてみなさい」

「ええ、本当ですか？　よいしょ、ガチャンガチャン。着けました」

「どうだ？」

「ぐぐぐぅっ、ぐっ、硬い。これでは読めない」

「そうだろう。繰り返してみなさい」

そうしてしばらくトレーニングしてみる。

「そろそろよいだろう。一度外してみなさい」

「はい、わかりました。ガチャンガチャン。あ、軽い！」

「では、これを読んでみなさい」

手渡したのは、分厚い辞書のような本。

「じゃ、読みます。パラパラ、パタン。うん読めた」

というのがこのコントだった。金次郎が本の内容について質問して、全部正解していくというものだったのだが、この異質さがウケたようだ。

そして、そんなコントの後に、恐ろしく格好いい方たちのライブが始まった。トリはもちろん、「い・け・な・いルージュマジック」。大興奮の内に会はお開きとなった。

出番は最初の一〇分くらいで終わって、後は舞台を見たり、楽屋にいたりしていた。関わることができたのはほんの少しだったけど、歴史的な場面に居合わせているんだ、と感じていた。

そして、その幸運に巡り会えたのも宮沢さんとの縁、O先生との縁、そして、サンミュージックのおかげなんだな、とも考えていた。

ごめんよ、メンフラハップ

そのサンミュージックであるが、当時、会社の主流部署は言わずもがな、スーパーアイドルの松田聖子とベテラン演歌歌手たちを擁する音楽部門であった。

「はい、もしもし。え？　イトイ事務所？　何ですかそれ？　え？　よくわからないな……。どんな用件ですか？」

あるとき、一本の電話がサンミュージックの本部にかかってきた。

「CM？　あー、はいはいCMね。それなら企画のCM部門に回しますわ」

その電話は当時は別会社だったサンミュージック企画のCM部に回ってきた。

「はい、サンミュージック企画CM部です。はい、イトイ事務所さま。はい、少々お待ちくださいませ」

「誰なの？」

「イトイ事務所さんから、なんですけど」

当時、現社長の相澤はCM部にいた。イトイ事務所からCMについての電話、ということですぐ気がついて、

「ん！　それはいま引っ張りだこの糸井重里さんの事務所からかもしれない！　そうだとしたら大変なことだ！」

と、急ぎ詳細を丁寧にうかがうことに。すると、

「リッキーにCMのオファーが来た！」

ということだった。ヘンタイよいこ新聞のライブにCMディレクターの川崎徹さんも来ていらして、生で見た僕らのネタが面白かったので、ぜひCMに出てくれないか、というオファーだった。商品はメンフラハップ。大正製薬の湿布薬だった。主演は江川卓さん。僕はその弟役だった。

本部の人間は誰一人として、糸井さんのことを知らなかった。たぶん、興味もなかったただろう。目の前のアイドルや大御所演歌歌手たちが稼いでくれたら、それだけで他に余計なこ

とをする必要はなかったので、それも当然である。畑違いのことにまで興味を持つ必要はない。

身代わり芸人はつらいよ

僕らも「ザ・テレビ演芸」でグランドチャンピオンになったが、それだけで仕事があるわけではなかった。いまと違って当時はお笑い番組も数は少なく、厳然たるヒエラルキーが芸能界には存在していた。トップが映画スター、次が歌手、テレビスターと俳優、舞台俳優、最下位が芸人と色物。

象徴的だったのが、盛んだった芸能人運動会や水泳大会の番組で、汚れの仕事で呼ばれた芸人が勝つと撮り直しになるということがよくあった。ジャニーズや役者の若手スターが勝たないと番組として成立しない、ということだった。

しかし、芸人たちは叩き上げも多く、それほど有名でなくても、かつて何かのスポーツに熱心に取り組んでいた経験があるものや、運動神経がよいもの、そもそも体力があるものなどで溢れていた。

だから「本気でやらないと面白くないから」というディレクターの言葉を信じて「本気でいいのかな」と思いつつ、やってしまうと勝ってしまうのだ、芸人が。そしてやはり、撮り直しとなる。

たのきんトリオ全盛期でもあった。

彼らの『たのきん全力投球』という番組があった。ロッテが提供で日曜日のお昼枠。ホールでの公開録画で、クイズやゲームのコーナーもあった。それらは時間制で、時間内に答えられなかったら、たのきんチームとゲストチーム（こちらはアイドルのことが多かった）それぞれの頭上にある巨大な風船がバンッと割れてしまう。

コーナーがスタートし、制限時間ぎりぎり近くなってくると、司会があおりつつ、マッチやトシちゃんが「わー、もうダメだ」。それを見て観客も「きゃー」と言ったところからが僕らの仕事になる。

制限時間を示す時計の針が動く先に、ペンキのようなどろっとした色水が入った大きなひしゃくがあり、針がそこに到達すると、その色水が用意されていた「身代わり芸人」（つまり僕らのような）にかかるのだ。身代わり芸人が色水をかぶることで、風船は割れずにすむ。そして必ず答えは制限時間に間に合わず、僕らはそれをかぶることになる。時のジャニーズは一切、そうした汚れの仕事をやらない、きれいな存在だった。

と言っても、にわかには信じられないかもしれない。いまではジャニーズも裸物から水はまりからぬるぬる相撲からすべてテレビでやっている。やらされて仕方なく、というより、アグレッシブに引き受けている印象だ。芸人顔負け、いやそれ以上のリアクションが取れる

人もいる。その様子を嘆息しつつ見ている僕の印象としては、
「ルックスのいい君らが、そんなんやったら、もう芸人の仕事なくなるじゃん……」
の一言である。

サンミュージックとの再びの別れ

当時は本当にお笑いの番組が少なかった。ネタ番組でいうと『笑点』くらい。夏と冬にTBSで「お笑い夏の祭典」「お笑い冬の祭典」があって、何組もお笑い芸人が出られた。『オレたちひょうきん族』もバラエティとしての特色はあったが、ネタだけをやるというコーナーはなかった。僕もメンフラハップのCMのパロディに呼ばれて「本人」として登場したことはあったが。

オーディション系の番組としては、『ザ・テレビ演芸』以外に、日本テレビ系列の「お笑いスター誕生!!」にも出演していた。しかし、それ以外にはネタを見せるお笑い番組はなかったのだ。僕らとしてはやはりネタを見てもらいたかった。

仕事としては、歌手とのセット公演に出るほかだと司会の仕事がちらほらあった。これはサンミュージック以外の歌手、たとえば川島なお美さんや松本明子さんがアイドルだった時代、デパートの屋上などにあったステージを回ってキャンペーンをやることが多かった。

もちろんレコード会社の人がついて回るのだが、ちょっと動けて、話もできて、イベントの回しをやるなら芸人の方がうまいわけで、若手が呼ばれるようになっていた。この仕事、僕らの前には清水アキラ、桜金造、アゴ勇ら擁するザ・ハンダースがよく出ていたのだが、売れてきてしまって単価が上がってしまった。それなら、

「サンミュージックに若手でブッチャーブラザーズがいるじゃん。どう？　バイト程度だけど」

というオファーがあって、もちろんやります、と引き受けてはいた。

けれども、あくまでそれは「仕事」で、本当にやりたいお笑いの仕事ではなかった。吉本興業だと常設の劇場があり、いつでもその舞台に立つことができる。しかし、お笑い専門ではない、どころかお笑い芸人は僕らだけというサンミュージックではそんなことを望むべくもない。

どこかで舞台に立てないか、と調べてみると、落語の寄席に出るには落語協会か落語芸術協会に入って、新宿なら末廣亭、上野なら鈴本演芸場に出るということになる。漫才というと、漫才協会に入る必要があった。

コントや東京芸人だとビートたけしさんの『浅草キッド』で描かれているように、ストリップ劇場を舞台として芸を磨く、ということがあった。コント赤信号もストリップ劇場出身だ。

しかしそのどれもが僕らに合っているとは思えなかった。それで、先にも述べたように「自分たちでお笑いライブを作る」ということになったのだが……。それも自分たちの力不足もあり頓挫してしまった。

どうにもうまくいかないので、当時近所にあった太田プロの知人に営業や展開について相談したり、担当マネージャーもいろいろ考えてくれたのだが、やはりサンミュージックにこのままいても先が見えない、という状況になってしまった。

率直に言って、会社全体の空気としては主流派の音楽部門とお笑い部門を支持する人間が9・5対0・5くらいの割合になっていて、完全に「あいつらは金にもならないことを、何やってるんだ」というムードで覆い尽くされていた。

僕らもそうした雰囲気は当然察知している。しているが、それを覆す秘策も実力も奥の手も当時の僕らは持ち合わせていなかった。この空気をひっくり返すことができたのは、もう一度サンミュージックに戻ってきたときに花開いた後輩芸人による一世一代のギャグの力なのだが、その話はもう少し後でできたらと思う。

「どうする?」

「ここでは、ちょっともう無理かな……」

「仕方ないね」

当時副社長で僕らを応援してくれていた相澤からも、「もうお笑い班は閉鎖になる」と告げられた。

「……そうか。わかりました。しょうがないですね」

僕らはサンミュージックを再び去ることになった。

――もちろん、その時はまたここへ戻ってくることになるとは思ってもみなかった。

プロダクション人力舎に誘われて

サンミュージックを辞めてから半年あまり。その間はフリーのような感じで仕事をしながら先行きの展望がいまだない日々、端的に言ってくすぶっていた。

それでもグランドチャンピオンになった『ザ・テレビ演芸』とは縁があって、毎週ネタ見せをしたり、収録を見に行ったりしに通っていた。たまにゲストで呼んでもらうこともあった。

そこに人力舎のマネージャーも来ていた。何度も会っていたので顔見知りになっていた。

「おー、ブッチャーブラザーズ。久しぶり。いまどうしてんの?」

「フリーなんですけど、ちょっと」

「大変か?」

「やっぱり、大変すね……」

「そうか……じゃ、人力舎来る？」

「えっ!?」

突然の誘いではあったが、行き詰まっていたこともあり、入れてもらえるならそうしよう、と納得して面接に行くことになった。

人力舎は一九歳からお笑い担当のマネージャーとして叩き上げの玉川善治社長が設立した会社で、東中野の小さな事務所に行くと、玉川社長と僕らを誘ってくれたマネージャーの相澤さん（奇しくもサンミュージック現社長と同姓だった）と元芸人の今野さんが待っていてくれた。そして、当時の人力舎のマネージメントスタッフはこの三人だけだった。若手のマネージャーなどはいなかった。

その頃東京のお笑いで力を持っていたのは、太田プロやコント55号を抱える浅井企画、またマセキ芸能社は浅草で強かったが、人力舎はまだまだマイナーと呼べる部類の存在だった。

竹中も当時人力舎に所属していて、売り出し中だった。その他には大竹まことさんらのシティボーイズがいて、彼らは宮沢さんの「ラジカル・ガジベリビンバ・システム」のメンバーでもあったので親しくしていた（中村ゆうじもそこにいた）。ちょっとマニアックだが、筋肉漫談のぶるうたすや、法律漫談のミスター梅介もいた。東京の音楽系芸人のある種のドンのような存在だったミュージカルぼーいずさんも人力舎に所属していた。

そして、なぜか、ストリッパーの方も所属していた。

その理由はすぐに判明した。元々の人力舎はイベントや、キャバレーに芸人を送り込む仕事が前身で、興行系の世界では玉川社長は有名な人物だった。その縁もあって、フロアショー（キャバレーなどで脱いで踊る）を行うストリッパーの方も所属していたのだ。

そんな玉川社長にマルセ太郎さんが柄本明さん、高田純次さんらの東京乾電池を紹介したのがきっかけとなって、人力舎はスタートした。僕らが入ったときは二五歳で、一番の若手だった。その時は東京乾電池は人力舎から離れていたけど、シティボーイズとの関係で笹野高史さんや風間杜夫さんなども事務所に遊びにきていた。

新しい演劇を志す人たちと濃いめのザ・東京芸人、それから興行系という奇妙な組みあわせで成り立っていたのが人力舎だった。不思議な事務所だった。

その後大竹さんと会社で会ったとき、

「おぅ、おまえらも来たのか」

と笑いながら、

「でも、ここはひでぇぞ。ヤクザの事務所みたいなとこだからな。社長なんてそっち系だぞ」

と言われた。大竹さんならではのきつめの冗談だろうと思っていたが、実際、それはまんざら嘘でもなかったのだ。

夕方からキャバレーでの仕事があります

人力舎に入って、僕らはとりあえず何の仕事でも文句を言わずに引き受けることにした。給与についても、二人で一緒に住んでいたので、アパート代が四万、食費やその他交通費などを合わせても一人一五万円あれば十分なんとかなった。

玉川社長はかなりの訛りが残る青森弁で、

「よしわかった。じゃあ最低一五万円は、仕事があってもなくても渡す。それ以上に仕事があったら追加で払う」

「もし僕らの手持ちがなくなったらどうしたらいいですか?」

「バンス(前借り)にしておくから、そっから出してやる。稼いでくれた時にそれから補填するから大丈夫だ。おい、でも貸すのはばくちの金だけだぞ。生活費はちゃんと計画的にやらなきゃな」

昔の事務所のスタイルで、これが芸人にとってはとても居心地がよかった。もちろん、その会社から無償で借りられる金を当てにして、借金まみれになってしまう人間もいた。一発当てればよいのだ。全部返せる。が、そうした夢を見たまま潰れてしまうものも多かった。

完全歩合制の時代になると、稼げない人はすぐにやめていった。

人力舎はそれなりに収益があった。その代わり、僕らは本当にいろんな仕事に行くことになった。一時期はいまでは考えられないようなキャバレーの営業にずっと繰り出していた。

大竹さんの話はリアルだった。全員がヤクザのパーティーに出たこともあるし、経営者がヤクザだった、というのはざらだった。

たとえば、こんなことがあった。昼すぎに事務所に行くと、夕方からキャバレーでの仕事が入っているという話になる。

「おう、『ザ・スター』に行ってきてくれや」

「どこすか？」

「新小岩」

「……なんか名前からしてちょっと怪しいんですけど」

「察しがいいな（笑） そうなんだよ。たけしも若い頃ここに行って五分でけつ割って、こんなとこでネタできるか！って喧嘩して帰って来た店だからさ」

「やっぱり……思った通りじゃないすか」

「まぁ、大変だったら帰ってきていいから。でもおまえらなら察しもいいし、如才なくやると思うから安心してるけどね」

玉川社長はそんな感じの人だった。

新小岩の駅を降りると飲み屋街に向かう。お、マーキュリークーガーが止まっている。昔のアメ車だ。

「この下町にはよく似合うよね、アメ車が」

「違う意味でね。そっち系だよね」

なんてぶっちゃあと二人で笑って、ひょいとアメ車の上の方を見るとそのタイミングで看板の電灯がぴかっ、ぴかぴかっと点灯した。「ザ・スター」だった。あぁ、やっぱり……と思っていると車のドアががちゃりと開いて、パンチパーマのひょろっとしたお兄さんが登場。

「ブッチャーブラザーズ、早いね！　もう来たの」

「よろしくお願いします」

玉川社長は大変だったら帰ってきていいって言ってたよね、と思っていると、お兄さんがぶっちゃあと「よろしくな」って握手。ぎゅっと握ってぱっと手を離したぶっちゃあがこっちを向いて、

「リッキーも早く握手しなさい」

と言った。急に変なこと言うな、と思ったが、言われるまま握手をすると、小指がなかった。そういうことか。

「『お笑いスター誕生!!』とか『ザ・テレビ演芸』、見てたんだよ。それで二人のことも知ってたからさ。ああいう芸人さん呼びたいねって言ってて。うれしいよ、来てくれて」

とひとしきり話してから、「これ、車邪魔だな」って言って彼はマーキュリーを駐車場に回した。

彼は「ザ・スター」の店長だった。

そこは、フロアショーもやる大衆キャバレーのようなお店だった。自分たちのギャラがたしか五〜六万円だったことを考えると、平日なのにそのギャラを払ってまでお笑い芸人を呼んでくれていたのだ。

お客さんはちゃんと入っていた。というのも、たいてい他所《よそ》のストリッパーのお姉さんたちとのパッケージでショーが組まれていることが多く、僕らはコントをやったりしていたが、お客さんのほとんどはお姉さんメインでお店に来ていたからだ。

「どうも、ブッチャーブラザーズです！」

「もういいよ！　お姉さん出してよ」

「いや、まだ何も話してないですよ、お客さん」

とか言いながらやっていると、一〇〇〇円もチップをくれるお客さんもいた。もちろん全然見てくれない酔っぱらいもいて、ぶっちゃあと二人で、

「ネタ、見てないねこの野郎は」

「ちゃんと面白いこと言ってんだから、見たほうがいいよ」

といじると、

「いや、おまえらのネタじゃ笑えねえな」

「なんだと？　よしわかった。それならおまえの酒を飲んでやる」

って勝手にグイッと飲んだら、それでかなりウケる、ということもあった。やっていることは無茶苦茶である。そんなこんなで何とか盛り上がったりしていた。

ショーはたいてい二回にわかれていて、通常お笑い↓ストリップの順で構成されていたが、一回目が終わって控室に戻ってくると、ストリップ↓お笑いに順番が入れ替わっていた。あれ、と思って店長さんに聞くと、

「いや、おまえらテレビ出てるだろう？　スターだよ。スターの方が出番は後だろう。ストリップなんか前座で使うんだから、うちは」

「店長さん、ダメですって。怒られちゃいますよ、お姉さんに」

「そうですよ。お姉さんの後に僕らが出ても、本当に引っ込めって言われちゃいますよ」

「大丈夫、大丈夫。いいんだよ」

お姉さんをちらっと見ると、じっと前を見たまま、細い指に挟んだ煙草をくゆらせていた。

なんとか、その順番でも出番を終えたのだが、強面の店長は本当にお笑いが好きだったのだ。

芸人たちはどう生きるか

千葉県は木更津の手前、市原に五井という駅がある。

五井に呼ばれて行った時のこと。ちょうどクリスマスの頃で、二三日、二四日、二五日と営業がかなりあるとのことだった。というのもキャバレーやスナックではある種のご祝儀である「クリスマスパーティー券」を先に販売していて、イベントをやるため賑やかしが必要になるからだった。

僕らとしてもそれなりのまとまったギャラにはなるが、一日に二〜三件掛け持ちとなるし、東京からは少し離れているので移動が大変だった。が、特急券も向こうの経費で出るということだったので、引き受けることにした。

五井駅に着き待っていると、一台の車がやってきた。アメ車である。やはり……と思うと、僕らを迎えに来た車だった。当時、その筋でベンツに乗っている人は少なく、アメ車に乗っている人の方が多かった。

「よろしくお願いします。もう店に行くんですか？」

「いや、一度皆が集まる事務所があるから、そこに」

そうですか、と言って車に乗り込む。

着いた事務所には広い駐車場があった。降りて歩くと、デカい犬の檻が。中にはシェパードが一頭。奥を見るとさらに犬たちがたくさんいた。手前の柵には警察犬の鑑札のようなものがついていた。ここで警察犬になる犬を育てているのかもしれない（後で聞いたら実際にそうだった）。

玄関について名札をみると「S興業」と記されていた。興行系の事務所だった。中に入ると、ジャージを着た人たちが、「ご苦労さんです」と挨拶。奥に進むと控室のようなところにストリッパー風のお姉さんや他の曲芸の芸人さんなどが三~四組、先に着いて休憩していた。どうやらそこで待機していて、迎えが来て呼ばれると順番にお店に向かうというシステムのようだった。

荷物を降ろしたら、呼ばれて応接間に通された。完璧にその筋のしつらえ。真ん中におじさんが座っていて、すごく丁寧な口調で、

「よろしくね」

と言った。

座布団を見ると全部に団体のマークが入っていて、

「これは……座れない……」

とまごまごしていると、

「どうしたの?」

「これ……有名な代紋ですよね。ちょっと座りにくくて」

「何言ってんだよ（笑）。座布団なんだから座ってよ」

落ち着かないながらも腰を下ろすと、若い衆が中に入ってきて、

「失礼します。本部長、○○班はそろそろお時間です」

「おぉ、そうか。ちょっとおまえんとこは遠いよな。気をつけてな」

とその運転を担当する若い衆に返事をし、それから、

「○○のお姉さん、よろしく頼むね」

と声をかけた。五井はあくまでベースキャンプで、そこから遠くは房総半島の先端、館山まで派遣されることもあった。木更津に行くことも多かったが、僕らは五井周辺がほとんどだった。

本部長はやはり小指がなくて、ヤクザではあったが、とても丁寧で気さくに話をしてくれた。近場での仕事が入った僕らを送ってくれた車中でも、

「ブッチャーブラザーズっていうと、あれ、プロレスとか好きなの？」

「たまたま、あだ名でつけたんですよ」

「そうなの。あ、じゃあ今度後楽園とかさ、いろいろチケットとかいつも押さえてっから、見に来いよ」

いいですね、とは返事をしたものの、この誘いに乗ってもよいものか、と頭を悩ませているうちに一軒目のスナックに着いた。一緒についてきていた若い衆の案内で店に入ると、その店長が、

「今日、客の入り悪いんだよね」

と開口一番、若い衆に告げた。それを見た若い衆は、

「本当、入りが悪いなぁ。ブッチャーさん、すみません。客が五、六人しかいないんです。申し訳ないですが、大丈夫ですか？」

丁寧な口調で伝えてきた。

いや、僕らは気にしないから、と答えると、店長が、

「客少ないからもったいねぇな。ギャラ払うのにさ」

と言うが早いか、若い衆が店長に詰め寄り、

「おい、せっかく来てもらってるのに、芸人さんの前でそんなこと言うなよ、おまえ」

と凄んだ。店長もそれに気圧されて、「あぁ、すみません」と謝った。芸人にはきちんとした対応をしているけど、店には厳しかったのだ。

そんなことがあってから「ぜひお願いします」という運びになったのだが、フロアに出ると何だか様子が違う。もちろんお客さんの数が少ないのは店長の言うとおりなのだが……。

通常、キャバレーやスナックでの営業の場合、ホステスさんがとても協力的なのだ。

「ほら、お客さん、今日は芸人さんにきてもらっているから、ね、一緒に見よう」

なんて、なるべくネタがウケるように場を整えてくれる。

しかし、そういう感じでもなく、僕らが登場してもぽかんとしている。と思ったら、ホステスさんは全員フィリピンからやってきた女性たちだった。言葉がよくわからないようだ。

地元のお客さんはホステスさんのノリはあまり気にならないようで、

「お笑いやってよ」

と言うのでさっそくネタを始めることにした。クリスマスなので、全員がコスプレをさせられている。といっても、とんがり帽子をかぶったり、ローブのようなものを羽織ったり、何か飾りをつけたり、という程度だが。

当時、フィリピンではマルコス大統領とマルコスの独裁政権打倒を掲げていた夫を暗殺されたコラソン・アキノが激しい政治戦を繰り広げていた。

そのことを思い出して、コントをやりながら、

「お客さん、でもこうやって見ると、今話題のマルコスみたいだね」

って何の気なしにいじったら、いままでほとんど興味を示さなかったホステスたちが、一斉に、

「ノー、マルコス、ダメ！」

と指でバツを作って騒ぎ出した。僕らも調子に乗って、

「マルコス、ダメ、アキノー」

と言うと、皆が一斉にアキノ、アキノの大合唱。お客さんも訳がわからないまま、アキノコールに参加。そのままネタをやらずに、大合唱で盛り上がった。店長さんはじめお店の人たちも喜んでくれて、若い衆にも、

「いや、ウケましたね。さすがです」

と言われたが、たまたまウケが取れただけで、ネタがはまったわけでもなし、何をやっているんだかよくわからなかった。でも、そうした店で笑いをとっていくにはなりふりかまっていられない。この経験も後で役に立つのだった。


夜八時に最初の店に行き、三〇分ほどしゃべって、ネタをやって上がってくると、またアメ車に乗り込む。

「急ぎですみません。次九時からなんです」

と言われて次の店に。やっぱりネタはウケなくて、苦し紛れに切り替えて、

「じゃ、とっておきのなぞなぞがあるんで、それをやりましょう」

「はいはい、なんでしょう」

「新幹線にもね、性別があるんですよ」

「ほんまですか？」

「新幹線は、オスか、メスか？　さあどっち？」

何だよ、わかんねぇなあ、なんていう酔っ払いの声を聞いたら、答えを披露。

「はい、正解は……オスなんです。駅を飛ばす、なんつってね」

そんなしょうもないことをやっていたが、これもそれなりにウケた。

その店もやり過ごして、

「今日はもう一軒あるんです、すみません」

と言う若い衆に連れられてアメ車に揺られて、三軒目を回る。

事務所に戻ってくると、もう帰りの特急の時間ぎりぎりで、タクシーを呼んでもらい急いで駅まで送ってもらった。

いまでは考えられないかもしれないけれど、芸人たちがそんな風に生きる糧を稼いでいた時代があったのだ。よいとか悪いとかではなく、そういう世界があった。それでも、僕が人力舎にいた頃、すでに、そうした仕事は徐々に減っていっていた。

お笑いの最前線、ネタ見せ

人力舎にいたのは、二五歳から三六歳の頃で約一二年ほどだった。最若手として入った事務所も長くいると結構なベテランとなっていた。

先にも述べたように、(日本で)最初にお笑いライブを立ち上げてから、いくつかのインディーズな舞台にも立ち、その後自主ライブを定期的に開催することができるようになった。僕らのライブは月に一回開催、ネタ見せをしてもらってから、採用・不採用を決めていたが、人力舎に所属していない人たちにも門戸を開放していた。

その頃は、ネタを講評してくれるところなんて、養成所などをのぞくと、コント赤信号のナベ（渡辺正行）さんによる、渋谷のライブハウスラ・ママでの「新人コント大会」か、ブッチャーブラザーズのライブ出演のためのネタ見せしかなかったので、さまざまな芸人やその卵たちが人力舎のもとに通ってくれるようになった。ある種の登竜門である。僕らもまだ三〇歳をこえたくらいだったが、もう「師匠」のようなことを図らずもすることになっていた。

いまや売れっ子となったカンニング竹山や、ネプチューンになる前の名倉潤が組んでいたジュンカッツ、そして底ぬけAIR-LINEだった古坂大魔王なども顔を出していた。

彼らについて、忘れられない出来事がある。

ネタ見せには本当に多くの芸人が来ていたので、列を作って並んでもらって順番で審査をすることにしていた。

その時は、先にジュンカッツがネタをやった。終わってから講評をしたのだが、椅子に座った潤は腕を組んで、ため口をきくというわけでもなかったのだが、

「そこをね、直したほうがいいってことですかね」

うーん、と言いながら足を組んだりしている。僕らとしてはそれほど不愉快な感じで受け取っていなかったのだが、

「なるほどね。わかりました。ありがとうございます。じゃまた」

なんて、他の人に比べたら多少はラフなしゃべり方をして、部屋から出て行った。

「はい、次の人ー」

と呼びかけたが、部屋の外からなにやら揉める声が聞こえる。誰も入ってこない。

どうした？とまずは近くにいた若手芸人に見に行かせたら、「大変です！　ちょっと来てください」と呼ばれた。

「――おい、おまえ、何やってんだよ！　ブッチャーブラザーズさんの前で腕は組むわ、足は組むわ。失礼だろ」

この野郎、って古坂が潤に絡んでいた。僕らが見に来たのに気付いた古坂は、

「すみませんね、こんなやつ。謝れこの野郎！」

すごい迫力である。というのも古坂はとにかく体がでかかった。

そして、とても真っすぐなやつだった。

「許せないっすよね、ネタ見せに来てんのに。態度改めろ！」

まだ怒っている。古坂の人柄だった。

後年、プロデュースしたピコ太郎が売れて、派手に武道館でライブをするときも、いろんな関係する有名人がいるなかで、僕らのこともちゃんと招待してくれ、ステージに上げて、

「昔、お世話になった方です」

と紹介してくれた。世界のピコ太郎が。男気を感じた瞬間だった。

ネタ見せには、いま売れている芸人たちが若手で売れていない時代にたくさん来てくれていたが、やはり何かが違っていた。カンニング、ジュンカッツや底ぬけAIR-LINEはもちろん、当時は海砂利水魚だったくりぃむしちゅー、X-GUN《バッグン》など、彼らは何十組とネタ見せに来る中でもひときわ目立っていたのだ。いわゆる「ボキャブラ世代」はほとんどネタ見せに来ていたように思う。

芸人だけでなく、他の事務所のマネージャーたちもライブやネタ見せに来ていた。新しいお笑いの担当になった六〇歳近くのベテランから、入ったばっかりの新人まで、お笑いがよくわからないので教えて欲しい、という人たちに僕らがお笑いのマネージャー業とは、ということを伝えていた。森田の付き人をやってから、何もわからなかった僕らにヒントをくれた先輩たちの教えや、自分たちの経験を皆に還元できたら、東京のお笑いを盛り上げられたら、という気持ちだった。

この頃、お笑いの最前線で（つまりまだ花開く前の芸人たちの）数多くのネタを見て、講評していくという経験が、後のサンミュージックお笑い班でいかんなく発揮されるのだが、それはまた後ほど話すことにしたい。

先にも言った通り、フリーも他事務所も関係なく門戸を開いていたので、多種多様な芸人たちが来てくれていた。そのなかでフリーの芸人で面白そうなのがいると、ぶっちゃあと二人で、来月もそこそこできたら人力舎に引っ張ろう、と話していて、次に会ったときに人力舎にどう?と話をしたら、いや、先月ナベプロに入りました、なんてこともあった。

ネタ見せに来てくれたわけではないが、僕らがお芝居を見に行って、即、コントをやったほうがいい、と人力舎に引っ張ってきたのがオアシズの二人だった。彼女たちも他とはまったく違う輝きを放っていた。

関東初の芸人養成所「スクールJCA」

一九九二年のことである。玉川社長が突然、

「吉本のNSCは東京にないから、人力舎でも何か作ろう」

と言い出した。関東初の芸人養成所「スクールJCA」の誕生である。

養成所があれば、ブッチャーブラザーズに仕事がこなくてもここの校長をやってくれたら決まった収入になるから、と。僕らもネタを見る立場になってはいたが、まだ現役へのこだわりは強かった。実際にライブも開催しているし、校長にされるのは嫌だった。単純に格好よくない、と思ったのだ。

それで、二人で主任講師となった。授業は月水金の週三回。そのうちの午後二回はブッチャーブラザーズの二人がきっちり授業をやっていた。午前中は校長になられた方が、肉体訓練や発声練習、いわゆる基礎的な演技力を高める授業を担当していた。僕らが出ない日は構

成作家さんを呼んできたり、人力舎のマネージャーが授業を担当していた。

学費は三期生までは一年で五〇万円（三期生以降は六〇万円）。吉本のNSCより高い。高めに設定したのは、そうしておけば本気で取り組むやつしか来ないだろう、という意図だった。一年やってみて、もう少し時間がかかりそうだったらもう一年。こちらは二〇万円を支払ってもらうということになった。アンジャッシュの児島は渡部につきあって二年目も在籍していた。

一期生は急に募集をしたので、六人くらいしかこなかった。それで半年くらいして、これではマズい、と追加で募集をしたところ、かなりの数が集まった。その半年後、つまり一期生の募集から一年後に改めて募集したのが三期生となる。

僕らは六期生まで授業を見ていたが、その主なメンバーは次の面々となっている。

一期生：アンジャッシュ児嶋、大九《おおく》明子
二期生：東京03飯塚、アンジャッシュ渡部、ダンディ坂野、ユリオカ超特Q
三期生：アンタッチャブル、東京03豊本
四期生：北陽、ゆってぃ
五期生：ドランクドラゴン、田上《たのうえ》よしえ

アンジャッシュの内、児嶋はスクールＪＣＡの生徒第一号だった。お笑い学校の講師として、初めての生徒にあたる。

が、最初の頃の児嶋は酷かった。挨拶はできない。遅刻もする。遅刻といっても五分や一〇分の可愛げのあるものではない。奴は昼頃に家を出てくるのだ。それもそのはず、パチンコや麻雀にどっぷり浸かって、遊びほうけていた。

そんな児嶋も徐々に変わっていった。というのも、ぶっちゃあが東映仕込みの「教育」をきっちり施したことで、「真人間」に矯正されていったからだ。

そのうち、遅刻をしないようになり、ちゃんと朝からお母さんが作ってくれたお弁当を持って学校に来るようになった。豹変する息子の姿を見て、お母さんとしても驚きと喜びを感じたのであろう、後に、

「うちの子が……普通の生活をするようになりました……！」

と八王子からわざわざ菓子折りを持って挨拶にこられたこともあった。

いまでこそダメ人間なキャラでお馴染みの大嶋、いや児嶋だが、元は生粋の無頼派で勝負師だったのである。彼が麻雀の番組などで活躍しているのを見ると、最初に出会った頃の彼を思い出す。

児嶋が来て半年が経った。それまでに何人か相方が変わっていたが、三人目の相方として連れてきたのが渡部だった。高校の時の同級生ということだった。

渡部は児嶋とはまったく違っていて如才なく、挨拶はできるし、何事もきちっとしていた。それがどこかで歪んでいった……ということもないと思うが、二人には弟子として、これからも頑張ってもらいたいと思っている。

大九はとても演劇的で面白いセンスを持っているなと思っていたのだが、卒業後シャレたお笑い系の劇団で舞台活動をしていた。そしてその後、なんと映画監督となり、数々の作品を手掛けるようになった。

ＪＣＡ時代はまだ東京03は存在していなかった。飯塚は一年間かけても相方が見つからなかったが、飯塚の一年後に入って来た、当時別のコンビで活動してツッコミ担当だった豊本を誘って、アルファルファを結成した。その後、長らくアルファルファで活動を続けるもなかなか花開かず、そのタイミングでプラスドライバーというトリオを組んでいた角田もトリオを解散するということになり、彼らが合流するかたちで東京03が誕生する。

東京03が誕生する頃には僕らはもう人力舎を去っていた。

養成所に通っていたメンバーを見ても、やはりコント主体のお笑いを作っているのがわかる。これはもしかしたら、僕らが芝居からコントへ流れ、そして宮沢さんや竹中との交流からネタを磨いてきたということが影響しているのかもしれない。

その中で、東京の漫才師として、Ｍ‐１を制覇したアンタッチャブルは極めて異質な存在だったと言える。

後年、あちこちでお笑いの授業を担当するときに、必ずアンタッチャブルの話をするようにしている。彼らはとにかく努力の人だった。

山崎は、自分が教えた六期生までの生徒の中で、一番熱心に授業を聞いていた。高校卒業後、一八歳で即入所。四〇人近くいた教室の、いつも前から二列目あたりのど真ん中にじっと座って、真剣に授業に臨んでいた（途中からうしろに行くことが多くなったが）。そして最初の一年間、一日も、一度もレッスンを休まなかった。いまのテレビでのおちゃらけた振る舞いからは想像できないかもしれないが……。もちろん、授業中に茶々を入れて騒ぐこともなかった。

柴田は、まあ、山崎に比べるとちょっと緩かったかもしれない。座る席は後ろの方で、少しはすに構えているようなところもあった。しかし、当時から才気にあふれ、間違いなく光るものを感じた。

「バカ爆走！」で走ったのは、僕だった

人力舎のお笑いを形作ったもう一つの出来事がある。ＪＣＡを卒業した芸人たちはカリキュラムはこなしたものの、まだ無名で当然実力もついていないので、他のライブには呼んでもらえないだろう、ということで、人力舎主催でお笑いライブを始めることになった。それが「バカ爆走！」である。僕らも先輩芸人として、アドバイスを投げかけるだけでなく、率先して彼らを引っ張るために自らも舞台に立ち奮闘した。

ライブは歌舞伎町、西武新宿駅前の劇場で開催された。もちろん僕らも現役で出ていた。当時アンジャッシュが初めて舞台に立つかどうか、というくらいだった。

ライブに参加しながらも僕はずっとソワソワして落ち着かなかった。新しいライブがうまくいくかどうか気がかりだった……わけではなく、その日が娘が生まれる予定日だったのだ！

終了が近くなってくるのに合わせて、娘の誕生も迫ってくる。ライブどころではない。もうすぐ九時になる、という頃マイクを向けられたので
「もうライブなんて早く終わりたいんだよ、おれは！」

と言ったら、後輩芸人たちが、

「なんでですか？　もっとやりましょうよ」

と不思議がる。

「いますぐ近くの病院で、子どもが生まれそうなんだよ！」

「えぇー!?　それは大変だ！」

急げ急げ、エンディング途中だけどリッキーさんは先に帰ってください、と押し出され、そのままタクシーに飛び乗って向かった先は東京医科大学病院。到着が、九時五分過ぎくら

い。娘が生まれたのが九時一二分。ギリギリ間に合った。

そんなことで、忘れることができない人力舎の若手芸人のためのライブ、それがいまに続く「バカ爆走！」だった。

ちなみに、養成所には来ていなかったのだが、おぎやはぎの二人はこの「バカ爆走！」にネタ見せに来て、ライブに出るようになり、そこから人力舎の所属となった。その意味でも重要なライブだったと思う。

現在の人力舎を支える芸人たちを発掘し、育てたという自負はあったが、やはり人力舎も故あって去ることになった。

ビタミン寄席、開催

社会風刺コント集団ザ・ニュースペーパーが結成される前、ばんきんやさん、松元ヒロさん、石倉チョッキさん、それから影のメンバーとして杉浦正士《まさひろ》さんの三人＋一人で笑パーティーというコミックバンド／コントトリオを組んでいた（一九八三年に『お笑いスター誕生!!』で四週勝ち抜き、銅賞）。

同じ時期にキモサベ社中（一九八二年の『お笑いスター誕生!!』で六週勝ち抜き、銀賞）

という、こちらもバックバンドありのコントグループがあった。「キモサベ」というのはアメリカのテレビドラマ『ローン・レンジャー』に出てくる先住民の方言で、「信頼のできる相棒」という意味があるということだった。キモサベ社中は劇団民藝出身の方たちが中心となったグループで、やはり左派風のコントが多かった。

杉浦さんが中心となって、一緒にやろうと彼らに声をかけ音頭をとってできたのがザ・ニュースペーパーだった。杉浦さんは横浜出身、若い頃は地元で学生運動に熱心だった人。それでザ・ニュースペーパーが誕生するのだが、有名になるにつれ、仲間との考え方や方向性がズレてきてしまって、分裂することになる。

そのザ・ニュースペーパーのライブを手伝っていたメンバーにYさんがいた。彼とは直接の知り合いではなかったのだが、ぶっちゃあの仲介で出会うことになった。ぶっちゃあはあちこちよくわからないつながりを持っている男で、フォークが好きでかなりはまっていたことから、東京のフォークの一派とも交流があったようだ。そこにYさんがいて、親しくなったということだった。

Yさんは大久保通りに地下倉庫を借りていて、そこに「フルーツジャム」という名前をつけて、稽古場兼アトリエ&ライブハウスを作っていた。作っていたというのは文字通りで、内装から何から自分たちで作り上げたということだった。

話してみるとYさんは非常に不思議な人で、先見の明があるというか、独自の商売感覚があるというか、いくつも新奇なことを考えて、実行してしまう人だった。

その頃、彼が手掛けていたのがオリジナルTシャツショップだった。いまでこそあちこちにお店ができているが、一九八〇年代には、とても珍しい事業だったと思う。出たばかりのMacでデザインして、それをプリントして販売していた。特にデザインや服飾のプロを集めたわけではなかったようだが、一体どういう仕組みで運営されていたのか、いまだによくわからない。

また、彼はその時すでにホームページの作成も行っていて、「これがこれからのビジネスになる」と言い、また「シアトル系のカフェがこれから流行《はや》るんです」と、スターバックスコーヒーが日本に上陸する前に、そんな予言をしていた。

そんなYさんだが、彼もさまざまなパイプを持っていた。

ダイエーが、ダイエー（スーパーマーケット）＋専門店街のセットで作ったショッピングセンターがあった。名前を「ショッパーズプラザ」という。阪神・淡路大震災より前の一九九〇年に新浦安に、九一年に横須賀にショッパーズプラザが誕生した。

Yさんはこれらの仕掛け人の一人であるHさんと交流があった。Hさんは、

「いままでのようなやり方で芸能事務所やイベント屋を入れて、誰かにセンターを盛り上げてもらうのではなく、そこに根付いた形で、たとえば『毎日が音楽祭』というのをコンセプトとして、自分たちのことを見てもらいたい人たち、自らがその場を盛り上げたい人たちに

イベントをやってもらいたい」

というようなことをYさんに話していたそうだ。それを聞いたYさんは僕らがライブを自主的に開催していたことを思い出して、

「……という場所があるんだけど、月に一回お笑いライブやってみない？」

と話を持ち掛けてくれた。

条件は破格だった。これまでのお笑いライブだと、たとえば入場料を五〇〇円くらいで集めて、場所代を差し引いた残りを交通費として参加者に渡したりしていたのだが、ダイエーがお金を出してくれるということになり、なんと一回につき二〇万円くれるというのだ。後でも少し述べるが、お笑いライブはほとんど経費がかからない。ということは二〇万円を皆で分けて収入にすることができる。

さっそくやってみよう、と動き出し、オーディション参加の募集をすることになった。オーディションの場所は先に紹介したフルーツジャム。やってきたのが、キャイ〜ンやくりぃむしちゅー、ネプチューン。キャイ〜ンは横須賀に出演していて、くりぃむしちゅーやネプチューンは新浦安に出演していた。

人前でネタを披露できる機会も少ない中、舞台に立てて五〇〇〇円、一万円がもらえた。しかも打ち上げもあって、ご飯も食べられる。当時の芸人にとっては、とてもありがたいことだった。皆で集まって、何でも手作りで準備して、新しいビジネスにしようと取り組んで

いた。青春群像劇のような、ドラマのような感じだった。

僕らの頭の中には、吉本がなぜ次から次へとスター芸人を輩出できるのか、という疑問があった。ひもといてみると、吉本は定席があり、楽屋がある。楽屋では先輩から後輩、それこそ大ベテランから新人まで一緒になってわいわいやることになる。これが強みだった。

どういうことかというと、その楽屋の中でお笑いあるいはネタ、個々人の才能が発掘され、そして磨かれていくのだ。もちろんいつでも立てる舞台があるということも大きいのだが、楽屋での切磋琢磨がスター芸人を生み出している。同期に一人才気あるものがいれば、それに負けじと努力をすることで皆が伸びていく。ベテランは若手から新しい感性を取り入れ、若手はベテランの持つ技術を身につける。吉本の楽屋はお笑いのマグマが火山の底で錬成される場所のようなものなのだ。

現在、いわゆるひな壇で吉本芸人たちが示し合わせたかのように笑いを掛け合わせられているのは、それが既に楽屋で行われているからなのだ。

僕らが自主ライブを積極的に開催していたのは、東京にもその吉本の楽屋に代わる場を作る必要がある、と感じていたからでもあった。

さて、僕ら芸人にとってはありがたかったライブの場だが、Hさんの方針でこれまでとは違って、イベントの仕事が回って来なくなった芸能事務所やイベンターや興行主には当然よ

い顔をされず、

「なんで、あいつらだけこんなよい箱でイベントができるんだ」

と嫌がらせを受けることもたびたびあった。

とまれ、お笑いライブをやっていたステージは、アマチュアでもプロでもやりたいことがあったら借りることができた。毎日のように有名無名問わず、お客さんがいてもいなくても、街角ピアノみたいに、誰かがそこで何かを表現していた。

僕らのライブ以外にも、週末にはHさんのお眼鏡にかなった有名人を呼び、大型のライブが開催されていた。

「笑いは心のビタミンだ！」というコンセプトから「ビタミン寄席」と名付けられた僕らのライブは毎月の定番となっていった。

4　東京のお笑いは夜の世界に花開く

粋な円山見番寄席

時代は少し前に戻る。

サンミュージックを辞め、人力舎に所属するまでの間の話。

旧花街の渋谷の円山町で「円山見番寄席《まるやまけんばんよせ》」というお笑いライブがあった。

見番というのは、芸者さんの事務所兼稽古場を意味する。花街の名残を残す名前のお笑いライブに、サンミュージックを辞め、人力舎に行く前だった一九八三年頃のブッチャーブラザーズも出演させてもらっていた。もしかすると、若手の頃のウッチャンナンチャンが立っていた舞台ということでご存じの方も多いかもしれない。

『ザ・テレビ演芸』の審査員をやられていた神津友好さんたちが企画されていて、その縁で僕らも紹介してもらったのだ。

公民館の和室のような場所で、お客さんたちは座布団を敷いて座る。寄席にも近い形で舞台は少し高くなっていて、でもお客さんとの距離は近い。元々は芸者さんたちがそこで稽古をしていた場所なのだ。

主催は野田さんご夫婦（のん企画）。旦那さんはもともとは松竹芸能でマネージャーをされていて、ミヤコ蝶々さんらのマネージャーを担当し、コント赤信号を育てた石井光三さんと同期だった。関西からこちらにきて、渋谷で「ファミリー」というお好み焼き屋を経営していた。女将さんも松竹芸能に所属していた女優さんだった。

ライブは月一回。旦那さんのつながりもあって、売れっ子だったコント・レオナルドも出演していた。彼らは売れない頃からずっと出演していたそうだ。

お客さんも一般の方から、演芸関係者まで幅広い人たちが来ていたが、場所柄もあってか、とても粋な雰囲気だったことを覚えている。

はじめて出演させてもらったときに一緒だったのが、キモサベ社中、コント・レオナルド、東京のベテランコント芸人だったチャーリーカンパニー、僕ら、そしてコントパロルだった。

僕が二四〜五歳になるあたりのことだった。

楽屋に入ると、キモサベ社中が先に来ていた。僕らは東映出身なので、挨拶にはうるさい。丁寧に皆に「おはようございます」と挨拶した。キモサベ社中の人たちも新劇出身なので、挨拶は丁寧。その上愛想もよく、

「あぁ、よろしくね。『ザ・テレビ演芸』でチャンピオンになったブッチャーブラザーズで

しょ？　見てたよ～」

なんて声をかけてくれた。彼らが楽器＆コントの不思議なネタをやっているのを見ていたので、こちらも親近感を持って「よろしくお願いします！」と伝えた。

大先輩のコント・レオナルド、石倉三郎さんは東映東京出身の方。

「自分ら、実は東映京都出身でして……」

と挨拶すると、「そうかいな！」とすぐに打ち解けて、それから可愛がってくださった。

ふと奥を見ると、目つきが悪い奴が一人、椅子に座って偉そうに腕組みをして、こちらが挨拶しているのに、ちらっと見ただけで知らん顔。なんだあいつは。むすっとした顔で「全員、敵だ！」という雰囲気を醸し出している。三人組のコントパロルのリーダー格のようだった。

いまだと賞レースの影響もあって舞台でトップを務めるのを嫌がる人たちも多いかもしれないが、僕らはトップバッターが大好きだった。その時も、どうする？という話になったが、迷わずトップで出させてもらった。

かけたネタは竹田くんが書いてくれて、宮沢さんがアレンジしてくれた「桃太郎」だったと思う。

八百屋に扮する僕が、野菜や果物がならんだ店の前に立って手を叩いている。

「はい、らっしゃい！　今日は柿があって、いい桃も揃ってるよ～」

と呼び込みをしていると、急に桃太郎がソデから飛び出してくる。もちろん、桃太郎はぶっちゃあだ。

「はい、この桃、さあさあ、じゃあ今日はいくらまでまけようか。ちょっと奥さん、買ってよ。いい桃なんだよ」

と声がけを続けていると、飛び出してきて、じっとこちらを見ていた桃太郎が、

「お母さん……」

「えっ？」

「お母さん、会いたかった」

と僕が持っている桃にすり寄る。ちょっとSFチックというか、不条理なネタだった。

「……おまえ、何言ってるんだ？」

「おじさん、知らないの？　僕は桃から生まれた桃太郎だよ。あ、いまお母さんとようやく対面できたんだ。今日、ここで。……ううっ、こんな小汚い店にお母さん、身を売られて……」

「小汚ぇとはどういうことだ！」

とやり取りしながら不思議なコントが始まる。そしてこのコント最大の特徴は、てんや師匠が教えてくれた僕らの「武器」であるちゃんばらが使えたことだった。

桃太郎は刀を差していて、八百屋は果物ナイフを持っている。

「おまえ、お母さんを返せ！　この泥棒が」

「なんだかわからねぇ、変な野郎だ。格好もおかしいし。警察呼ぶぞ？」

「うるせぇ！　もうこうなったら刀にものを言わせてやる」

と桃太郎は刀の柄《つか》に手をかける。

「なにぃ。そうか、それならこっちにも考えがある。おまえのお母さんを人質にしてやる」

と果物ナイフを、持っている桃につきつける。

「ちょ、ちょっと、やめろー」

と言いながら刀を抜き、襲い掛かってくる桃太郎に果物ナイフで応戦。ささっとちゃんばらをする――そんなネタをやってみると、お客さんたちは「変なコントだね」「こんなのははじめて見たよ」なんて言いながらも、それなりに笑ってくれていた。

ソデに引き上げてくると、楽屋でまともに挨拶もできなかったコントパロルの出番だった。

ぶっちゃあと二人、

「お、あいつらの出番みたいだぞ」

「腹立つな、あいつら。終わったらしめてやるか」

「でもまあ、ひとまずコントを見てみるか」

舞台を見ると、三人が白いシーツをかぶって登場した。シーツにはぐるぐるの模様が描いてあった。「台風」ということなのだろう。ネタの名前を見ると「台風一家」、一過と一家がかけてあって、つまり台風の一家に扮していたのだ。

台風のお父さんがいて、隣のシーツと揉めている。

「おまえ、さっきのはなんだ！」

「はい、私は台風二号です」

「なんだ、二号か。二号は家に入るな」

「ねえねえ、僕は二号の子どもだよ」

「ん！　俺は認知しないからな」

とかなんとか、ちょっとシュールなシチュエーションだった。後で考えたら、なるほどそういうことか、とネタの内容はよくわかったのだが、初見ですぐ笑えるかというと、なかなか難しい話だった。実際、ときおり挟まれるギャグにも誰も反応せず、しーんとしていた。

終わってから、ぶっちゃあと、

「――あんなウケないやつに喧嘩売ったらあかん……恥ずかしすぎる。どんずべりやんけ！」

「楽屋でむすっとして尖ってても、ネタですべってたらかっこ悪いよな」

と話した。しかし、彼らとはその後、打ち解けることができて、仲良くなった。コントパロルとしても急激に面白くなっていき、後に『お笑いスター誕生!!』の決勝で優勝――することはできなかった。

当時『お笑いスター誕生!!』は事前のネタ見せの場があった。チェックするのは、あの

「鬼の赤尾」こと赤尾健一さんだった。早々に敗退した僕らが、仲良くなったコントパロルのネタ見せを見学していると、普段とは打って変わって鬼がにこやかに、

「今日の出来ならコントパロルが優勝だな！」

と宣言していた。もう優勝は決まったようなものである。喜んだのはコントパロルの面々。僕らと合流すると、よし、前祝いだ！と飲みに出た。しかし前祝いは想定以上に盛り上がった。夜中の一時を過ぎ、二時を過ぎ……帰らなかった僕らも悪いのかもしれないが――結局彼らは翌日の本番に遅刻してしまった。

ネタ合わせもままならぬ、フラフラの状態で決勝に臨んだ彼らだったが、すでに勝負あり。舞台中もネタが飛びまくり、結果はなんと最下位になってしまった。

つくづくついていないというか、ブッチャーブラザーズのせいというか……。


さて、円山見番寄席では、毎回野田さんのお店「ファミリー」で打ち上げをするという流れになっていた。審査員の先生クラスの人も、大先輩も皆一緒に飲んで食べた。そこでコントパロルの態度の悪かった男、益田凡児とも話すようになったのだ。話してみると面白い人だった。お父さんが元芸人さんで唄子・啓助の鳳《おおとり》啓助さんと昵懇《じっこん》の間柄。そのこともあって、唄啓劇団に若い頃から放り込まれていて、お弟子さんになっていた。

そんなこともあり、芸歴は長いから、なめられてはいけない、と思っての「悪い態度」だ

ったらしい。理由がわかってみると、間が抜けているというか、なんというか、憎めない男であった。益田については、昭和ストリップ演芸史における重要な顔役という一面があるのだが、それについてはまた別の機会に話すことにしよう。

熱狂、バナナパワー

ある日、円山見番寄席が終わって打ち上げに行って、コントパロルの面々と話していた時のこと。

「俺たちさ、最近六本木のショーパブによく出てるんだけど。知ってる？　『バナナパワー』っていうところ」

それが（これまた）東京のお笑い史で外すことのできない、伝説のショーパブ「バナナパワー」との最初の出会いだった。バブル経済に突入しようという頃である。

「ここではさ、コントやって、メンズ・ストリップやって、コントやって、最後にパイ投げやるんだよ」

どういうことだろう。話を聞いてもよくわからない。これは一回行ってみるしかない、ということでぶっちゃあと、バナナパワーに行くことにした。

たしか二〇〇〇円くらいだったフリードリンク・チケットを購入して中に入ると、大きなテーブルにベンチ形のシートがあり、奥には鏡張りの小さなステージがあった。

最初は普通にコントが始まった。会場はそれほど広くない。コントが終わると、外国人のイケメンがダンスをしながらのパロディーストリップがスタートする。ちょっとずつ脱いで行って、最後パンツも全部脱ぐ！と紐パンをほどくと、女性たちは「きゃー！」と絶叫。しかし、全部脱ぐのは見せかけで、その下にまだ小さなパンツを穿いていたのだった。というところで暗転。

明るくなると、もう一度お笑いが出てきて、コントなどをやる。それが終わると、

「さあ、皆さん。お待ちかね、パイ投げの時間がやってまいりました～」

という掛け声とともに、先ほどまで舞台に出ていた芸人たちが水中メガネやゴーグルをかけ、客席に降りてパイを売りに来る。海外のドタバタギャグのオチなどで、パイ投げをやって皆がどろどろになるというものがあって、それをアイディアとして取り入れたようで、一連のステージ最後のオチとして、パイ投げのコーナーが設けられていた。

これはお客さんへの話題提供でもあり、新奇な仕掛けでもあったが、何より、芸人にとってはとてもありがたいことだったのだ。

というのは、パイは売った分だけ、その芸人の収入としてくれていたからである。

パイを作っているのは老舗の洋菓子屋「ジロー」さんで、実際に食べても美味しいちゃんとしたもの。パイの仕入れ値が一枚二〇八円くらいで、会場での販売価格は三〇〇円。売れ

るとそのうち一〇〇円が売った芸人の懐に入ることになっていた。

店自体は一枚売れると、なんと差額はマイナス八円。売れるごとに損してしまっていた。そこで儲けを考えてはおらず、お客さんと芸人の双方へのお店からのサービスだったのだ。

一日三回ステージ（約二時間の入れ替え制）があって、一回のステージで三〇〜四〇枚売れた。だからパイの売り上げだけで、出演した芸人には一〜一万五〇〇〇円の収入があった。そのうえ、大人のお客さんはパイをぶつけると芸人がかわいそうだ、とご祝儀というかチップというか、一〇〇〇円を貼り付けてぶつけてくれた。そんなパイなら積極的にぶつけられたい。

それならば、とコントパロルが考えたトークが、コインやお札をひらひらさせながら、

「皆さん、僕らはぶつけられるのが嫌だから、当たらないようによけますけど……もし、パイに何かくっつけてくれたら、ぶつかりに行ってもよいかもしれません」

「はいはい。でも、ぶつかってケガをするといけないので、ケガをしない紙を貼ってもらえるとありがたいです」

というものだった。このトークで皆の収入が増えたことは言うまでもない。

しかし、良い話だけではなかった。客の多くは酔っ払い。わざと的の目の前までいって顔になすりつける奴もいたし、パイの代わりに灰皿を投げるとんでもない奴もいた。そうしたことをぐっとこらえて我慢しなければならない、という辛《つら》さはあった。

バナナパワーに出るようになってから、途中で人力舎に所属することになった。人力舎にも念のため、

「事務所に入る前からの仕事なんですけど、ギャラは全部自分たちでもらってもいいですか？」

と確認した。

「舞台には立ってるけど、芸人のバイトという感覚だから、事務所はピンハネしないし、続けてもらって大丈夫」

公式に返事をもらえたことで、安心してパイを売ることになった。

ある時、円山見番寄席からの流れもあって、その頃あまり仕事がなかったウッチャンナンチャンをバナナパワーに紹介したことがあった。

僕らは若かったし、下積みを何年もやっていたわけではないのだけど、なぜか彼らが所属するマセキ芸能社の社長とも仲良くさせてもらっていた。そんな縁もあって、たまたま『お笑いスター誕生!!』で彼らと一緒になったとき、「こんな仕事があるけど、やってみます？」と紹介してみたのだ。

興味がある、というので彼らが一回見学に来た。しかし、まだ学生上がりのほとんど素人みたいな二人、濃すぎる夜の世界を見て、

「すみません……とてもじゃないけど、今の僕らではこんな夜の店には立てないです……」

「ブッチャーブラザーズさん、紹介いただいたのに申し訳ないです、無理です……」

　ということだった。

　代わりに、というわけではないが、次にやってきたのはダチョウ倶楽部だった。その頃はその前身のキムチ倶楽部、になる前、ダイナマイトボーン！というコンビだった、上島竜兵と寺門ジモンの二人。彼らはテアトル・エコー附属養成所出身で、当時のバナナパワーの支配人の奥さんもテアトル・エコーに所属していた。そのつながりで舞台に立つことになったのだ。

　同じ頃、早稲田大学の学生が何人かアルバイトに来ていた。その一人にイタバシという男がいた。

「おまえ、早稲田なんていい所行ってんのに、こんなとこ来て。卒業したら何するの」

　って聞いたら、

「いや〜、お笑いやりたいです」

なんて言ってた。実際、竜兵たちと一緒に、支配人が主宰していた劇団にも顔を出していて、下北沢の小劇場などで芝居をやっていた。この劇団には、モロ師岡や野沢直子、夏まゆみなども出演していた。

　そうこうしているうちに早稲田を卒業。どこに就職したかというと、テレビ朝日に入社したということだった。

「ええええ。めちゃくちゃエリートじゃんか。なんだそれ⁉」

と驚いていたら、彼から連絡が来て、

「いやー、もう、リッキーさん、ぶっちゃあさん、テレ朝に入れた上に、なんと『ザ・テレビ演芸』に回されました。念願の！」

と。彼は入社後、僕らとも縁が深い『ザ・テレビ演芸』でADを担当することになった。もしかするとバナナパワー時代の経験が何かプラスに働いたのかもしれない。

時は巡って現在、イタバシ＝板橋順二はテレビ朝日常務取締役・総務局担当となった。制作現場時代、彼が率いるチームは通称板橋班と呼ばれ、テレビにおける東京のお笑いの礎を形作った。『アメトーーク！』『ロンドンハーツ』などで大活躍している、加地プロデューサーも板橋班メンバーの一人だ。

バナナパワーで錬成されたお笑い力が、テレビを経由してお茶の間に届き、日本のお笑いを変えていったのである。

バナナパワーの子どもたち

バナナパワーの濃さはまだまだこれで終わりではない。

ダイナマイトボーン！として活動していた竜兵と寺門が、テアトルエコーの先輩でもあったナベ（渡辺正行）さんの紹介で、肥後克広と南部虎弾に出会いキムチ倶楽部が結成される。しかし、当初は二〇人もいたと言われるグループだったが、次々に離脱し、結局その四人体制になった。

肥後はそれまでは渋谷の道頓堀劇場というストリップ劇場で修行していた。南部とは後に電撃ネットワークを結成し、世界的な芸人となる、あの南部である。いまはダチョウ倶楽部のリーダーといえば肥後だが、この時のリーダーは南部だった。理由は単純で、一番年上だったから。

しかし、四人でのダチョウ倶楽部は濃度が濃すぎた。ネタを見ていてもてんでバラバラでまとまりがなく、どこを見たらよいものかわからなかった。「リーダー」として南部が仕切っていたのだが、自身が台詞を忘れたり、めちゃくちゃをやって途中でコントを壊してしまったりしていた。飲みの席ということもあって、それはそれで面白くもあったが、毎回の破天荒に振り回される面もあったのだろうか、二年ほどすると肥後、竜兵、寺門の三人と南部は方向性を違えることになり、別の道を歩むことになった。

ダチョウ倶楽部初期の頃にできたショートコントに「もしもゲームセンターみたいな靴屋さんがあったら」というものがあった。これが素晴らしかった。

どういうものかというと——。

竜兵扮する客が、肥後と寺門がテーブルを前に並んでいるのを見て、

「ゲームセンターみたいな靴屋、何だか面白そうだな。ちょっと入ってみるか。ウィーン」

「いらっしゃいませ」

「この靴いいですね、これください」

「あ、こちら。リーガルになります」

応対するは物腰柔らかな肥後。

「いくらですか？」

「七五〇〇円になります」

「はい、七五〇〇円」

肥後と寺門が、

「ありがとうございました」

と頭を下げるので、竜兵も何の気なしに靴に手を伸ばそうとするが、店員役の二人が突然、

「ダァーッ！」

とその手を叩《はた》く。

「ダァーッて、何これ？」

「うちはねぇ、ゲームセンターみたいな靴屋、ですからぁ！」

と吠える寺門。

「お客さん、小銭持ってますか？」

とジェントルに聞くは肥後。

「はい」

と竜兵も素直に従って小銭を出す。

「それではスイッチをどうぞ」

肥後が腕を出すと、竜兵がスイッチを押す。

「ピリリリリリリンリン。ピッピピピリッリリー」

という効果音と共に、肥後の腕＝クレーンゲームのアームが動き、置いてある靴をつかもうとする……も失敗。クレーンゲームのアームの力はいつの時代も弱すぎるのだ。

「あぁ～」

のため息とともに、竜兵の方を向き、

「残念でした……」

と二人で頭を下げる。同時に、竜兵も、

「残念でしたじゃないよ！　俺が金払って買った靴……」

と言いながら改めて手を伸ばすも、

「ダァーッ！！！」

と再び手を叩かれ――観客は爆笑。

その後、靴ダービーやモンスター退治などのゲームを経るもことごとく、

「残念でした」

となり、結局買った靴がもらえない、というネタだった。

非常によくできたネタで、彼らはその後も三〇年近くこのネタを続けていたと思う。まさに「ネタのダチョウ倶楽部」を代表するコントだった。

彼ら自身が何かのインタビューで答えていたと思うのだが、三六五日の内二〇〇日（というくらい）、バナナパワーに通い詰めてネタを舞台にかけ続けた。

一番背が高かったという理由で今度は肥後がリーダーになってから、しばらくはテレビに出るとしてもトーク番組やバラエティ番組が中心で、ネタとは違う展開に戸惑うことも多く、苦しんだ時期もあったようだ。しかし、その状況を一変させたのが一九八九年から放送されていた『ビートたけしのお笑いウルトラクイズ』だった。

番組内で乗っているバスごと水中に沈められたり、爆弾リュックを爆破されたり、逆バンジーのような形で宙に飛ばされたりと、危険な企画に挑む中で、彼らは決定的となる「リアクション芸」を確立することになった。

その後は「聞いてないよぉ〜」のフレーズが大ヒット。流行語として時代を席巻するまでに至った。「ヤー!」「どうぞどうぞ」といったギャグも浸透し、ゴールデンの番組、あちこちのCMに登場と大活躍が続いた。お茶の間にも愛され、いまだに人気を博している東京の

芸人を語る上で外せないトリオになった。

南部率いる電撃ネットワークも、最初は展開や方向性が固まるまで、かなり苦労したようだった。

しかし、牛乳を鼻から飲んで目から出す「ミルクマン」を筆頭に、消火器の粉にまみれたり、睾丸に鉄アレイを紐で縛りつけて持ち上げてみたり、巨大線香花火の火花を上半身裸の状態で浴びるなど、過激さを極めるパフォーマンスと同時に、舞台を盛り上げる音楽やMC、またストーリー仕立ての進行など観客を楽しませるさまざまな演出が用意されたことで、海外でも著しく評価が高いエンターテインメントへと昇華していった。

このようにまったく違う二つのグループではあるが、その奥には、「バナナパワー」という源流があるように、同じ場に立っていた僕には感じられるのだ。

その原型は初期のバナナパワーにおける、劇団系のショートコントネタに遡れるような気がしている。触れ込みとあおりはすごいけど、蓋を開けてみるとしょうもないオチが出てくるような……。

大きな身振り手振りをつけながら数名が「はいっ、はいっ」と舞台に出てきて、

「いまからここにゾウを出します！」

「えぇー？　そんなことできるの」

「はいー！　小象です!!」

と膝小僧に指で輪っかをつけて突き出す……なんていうくだらないネタが毎日目白押しだったのだ。

たとえば、ダチョウ倶楽部のショートコントの羅列にそうした展開が濃く見られると思う。また電撃ネットワークの印象的な動きがあるイントロやブリッジなどはショーパブでのつかみのアクションの流れを汲んでいるだろう。

きっちりネタを作り込んで、ああ見えてもアドリブはほとんどなし、しっかり台本がある、誰でも絶対に安心して笑えるショートコントを提供するダチョウ倶楽部。

最初からぶっ壊れていて、そのままの勢いでエンジン全開で突っ走り、張れるだけ身体を張る電撃ネットワーク。

彼らは、バナナパワーのエッセンスをたっぷり吸いこんだ後、それぞれが別様に進化した「子どもたち」だったのだろうな、と考えている。

ダチョウ倶楽部、四人体制最後の日は、全員揃って同じつなぎに着替えて、パイ投げの的になった。全員がパイまみれになっていたのを覚えている。それがとても似合っていた。

その頃、B21スペシャルも

ダチョウ倶楽部がほぼ毎日バナナパワーに顔を出していた頃、新宿のショーパブから僕らの紹介でこちらに移籍してきて、話題をさらったのがB21スペシャルだった。ヒロミ率いるB21スペシャルはホストや他のショーパブ経験が豊富だったこともあり、根性があった。バナナパワーにがっつりとはまった。

ショーパブが風俗産業の最先端をいっていた時代、雑誌やテレビの取材がバナナパワーにもたくさんきていた。六本木という土地柄もあって、業界関係者も顔をのぞかせており、ヒロミはそうした連中も参加する打ち上げなどの司会をやって、プロデューサーをいじって笑いをとったりもしていた。

如才なくコネクションを作り上げたB21スペシャルは『ザ・テレビ演芸』に出演、新人オーディションコーナー「とび出せ笑いのニュースター・ホップステップジャンプ」で一〇週連続で勝ち抜き、チャンピオンとなった。

後年、ヒロミが司会業やその他で異彩を放った根底には、ショーパブでお客さんを相手に喧嘩するくらいの勢いでトークを重ねていたことがあると思う。酔っ払いのからみに対して、激しく応じるけれども、言っていることはわかりやすく、はっきりしていた。酔っ払いも妙に納得してしまうような……。

彼らのコントもそうだった。ダチョウ倶楽部とも少し似ているのだが、しっかりフリがあり、明らかなボケがあり、バシッと終わらせる。構造がしっかりしていた。

そうそう、そういえば、大事なことを忘れていた。ヒロミたちの師匠は、あの星セント・ルイスの星セントさんだったのである。

そして、いくつもの事務所から注目を集めていた彼らは、その後、人力舎に所属することになった。


当時、真打になったあたりの春風亭小朝師匠がバナナパワーにお客さんとして来たことがあった。

「今日はどんな感じなの？　え、何？　へぇ、ブッチャーブラザーズ出てるの？」

なんて言いながら入って来た小朝師匠を見て、僕らも「うわーっ！」と興奮した。

先にも言った通り、バナナパワーでは出番が複数回あり、僕らもコントを二回やっていたのだが、そのサイクルでコントをやるのに飽きてきた頃だった。それで、笑福亭鶴瓶さんが銀座小劇場でトークのみの舞台をやっていたり、上岡龍太郎さんをとても尊敬していて、好きだったので、一回目は緊張感をもってコントで出て、二回目は漫才のような、フリートークのような長尺のアドリブで自分たちのいろいろな話をすることを思いついた。

やっていくうちにだんだん、ツボがわかってきて、コントだけでなく、トークも盛り上がるようになっていた。

小朝師匠がやって来たときもそのスタイルで臨んだところ、終わって挨拶をしに行った時、
「この感じのショーパブで二〇分くらい？　二人の立ち話だけでよくもったね。すごいよ。しっかり芸になってる。素晴らしい！」
と褒めていただいたのは、バナナパワーでの大切な思い出である。

とんねるずと爆笑問題

その他にもたくさんの芸人たちがバナナパワーに出演していたが、ホンジャマカや、『オールナイトフジ』『夕やけニャンニャン』などで売れっ子となった、ちびっこギャングも常連だった。ホンジャマカは僕らが吉祥寺のライブハウス「Be POINT」で始めた、事務所の垣根を越えて参加できる「バーボン寄席」（ビタミン寄席の前身）にも出てチャンピオンになっている。

ホンジャマカ、江頭2：50、ネプチューン、海砂利水魚（くりぃむしちゅー）、X-GUN、底ぬけAIR-LINE、キャイ〜ン……どこかで一緒になったことがある芸人たちのエネルギーが一気に爆発したのがタモリさんの『ボキャブラ天国』だった。

それから、忘れてはならないのが爆笑問題だ。彼らはその中でも頭一つ抜けていた。一時期彼らがテレビに出られなかった頃、毎日のように、田中くんを野球に誘って、草野球をや

っていた。彼は南阿佐ヶ谷の青梅街道沿いにあったミニストップでバイトをしていて、いつもレジに立っていた。

爆笑問題は僕らのライブに出てくれたりしていたわけではないのだが、コント赤信号の渡辺さん主催のラ・ママ新人コント大会でデビュー。その場で即、太田プロにスカウトされるという逸材中の逸材だった。

ラ・ママ新人コント大会といえば、ダチョウ倶楽部も参加した第一回が開催されるときにゲストで呼ばれたのが、ブッチャーブラザーズ、そしてとんねるずだった。「業界では有名なコント師」（つまり僕らである）と、大ヒット曲「一気！」などで売れに売れているとんねるずが呼ばれたのであった。

とんねるずは僕より三歳下になるが、高校三年生ぐらいからコントを始めて、すぐにテレビに出ているのでほぼ同期である。彼らとは先にも述べた芸人が汚れを担当する番組などでもよく一緒になっていた。テレビ東京の番組『お笑いベストテン』でも一緒だった。内容は、一〇組の芸人が出演してネタをやり順位を決めるというものだったが、順位はかなり適当だったように思う。

その頃異質だったのは、彼らは他の芸人とほとんど付き合っていなかったことだ。『お笑いスター誕生!!』で一緒になった、ぶるうたすや、ミスター梅介、いまや素晴らしい役者となったでんでんさんたちが「貴明たちは生意気だよな」って笑ってしゃべっていたのを思い出す。

　とんねるずの二人はまったく違う性格・志向の持ち主だった。非常に個性的であり、それでも互いに尊重し合いながら芸能の世界を歩んでいた。

　西麻布の交差点のところに「レッドシューズ」という伝説のカフェバーがあった。その流れで歌舞伎町にも「オレンジハウス」というおしゃれなショーパブが作られた。そこにはB&Bさんや佐藤浩市さんなど、さまざまな六本木からの人脈が遊びに来ていた。なぜか意気投合していた石橋貴明とぶっちゃあはあれだけの多忙な中、毎晩のようにそこに出かけていた。何をしていたのかは……知らないことにしておこう。

　木梨憲武はおとなしいけど、不思議な感じでやはりアーティスト気質。ジァンジァンでイッセー尾形さんが一人芝居をやられていて、見に行こうと出かけたら（その時はぶっちゃあも一緒だったが）、行くたびに憲武に会った。

「おー、また会ったね」

「憲武はやっぱりちゃんと勉強してるな」

「いや、そういうんじゃないけどさ。だってイッセーさん、面白いじゃん」

　なんて話していた。貴明にはそうしたところで会うことはなかった。彼はうちの相棒とつるんでは悪さばかりしていたはずだ。

ダウンタウンと仲良くなりそこねた夜

当時の東京のお笑いの世界において、僕らは不思議な存在だったかもしれない。超ベテランの叩き上げの演芸系の芸人さんから、たけし軍団、とんねるずから若手の芸人、そして関西の芸人たちも、彼ら同士に交流はあまりなかったが、僕らを介すとすべてつながっていた。

関西でいうと、ダウンタウンが一年くらい後輩になる。NSCの生徒時代にまさと&ひとしとして『笑ってる場合ですよ!』の「お笑い君こそスターだ!」に、そして『ザ・テレビ演芸』の「とび出せ笑いのニュースター・ホップステップジャンプ」にライト兄弟(松本・浜田)として出演していた。

直接会ったのは、『お笑いスター誕生!!』の時で、一緒だったのが銀次・政二とハイヒール(リンゴ・モモコ)、ダウンタウンと僕らだった。ちなみに、『笑ってる場合ですよ!』『ザ・テレビ演芸』『お笑いスター誕生!!』、この三つすべてに出ているのは、ダウンタウンと僕らだけである。ダウンタウンはそのうち一つでチャンピオンに。僕らはその上を行く二つでチャンピオンになっているが……。

さて、ひとしきり収録が終わって、楽屋に戻ると、彼らも当初のコントパロルほどではないが「東京になめられたらいけない」という気持ちで来ていたのか、それほど愛想よくはしゃべらなかった。

それで元から東京にいる僕らが、

「もし今日、泊まりだったらさ、すぐそこに知り合いの店があるんで、一緒に焼き肉でも食べに行かない？」

と誘った。ダウンタウンは普通に、「いや、今日は自分らは帰ります」とホテルに帰った。ハイヒールも帰って行った。後年、浜ちゃんに呼ばれてある番組で再会したときにその時の話をしたが、

「そんなことありました？」

と覚えていなかった。あの時、一緒に来てくれていたら、今頃日本一の漫才師が仲間になっていたのに……惜しいことをした。

さて、一緒に来てくれたのが、銀次・政二だった。銀次はテンションを上げすぎてガラスを割ってしまったり、ちょんぼばかりやっていた。あいつはね、という。でもそれで盛り上がっていた。政二はその後放送作家になり、Ｍ‐１予選の厳しい強面審査員として一目置かれるようになる。どう強面なのかというと……。

僕が爆笑問題の田中くんたちと草野球を熱心にやっていた頃のこと。芸能関係者同士でよく試合を組んでいたのだが、その日の対戦相手はブルドッグス。真っ黒なユニフォームで固めた悪役俳優ばかりのチームだった。主催は小沢仁志。最強の強面である。弟もいた。」

「どうもどうも、小沢くん」

「リッキーさん、どうも」

と小沢兄弟に挨拶していると、顔面兵器の面々の中からごっつい、一段とガラの悪そうなやつが、

「あれ?」

って言いながら、とことことこっとこちらにやって来た。誰やねん……と思うと、

「あぁ、お久しぶりです。どうも、政二です」

と言ってきた。

「えぇー? 本当に政二!?」

と言うくらい、印象が変わっていた。が、ブルドッグスのメンバーとしては、完全になじんでいた。合格点だったのだ。

先日(二〇二二年)、『ダウンタウンDX』の「お笑い戦国時代! 勢力拡大! 国盗り合戦 秋の陣!!」にサンミュージックの面々が呼ばれた。ぶっちゃあは出演者として出ていて、二人からかなりいじられ、オンエアでもその様子が使われていた。

ぶっちゃあは、歌手をやっている松ちゃんのお兄さんと長らく親しくしているので、番組が終わってから松ちゃんと、

「兄貴がいつもお世話になってるみたいで……」

「いやいや、こちらこそ隆博さんにはお世話になって……」

挨拶したと言っていた。

僕は本番ギリギリのところでちょっと顔を出しただけだが、浜ちゃんに、

「どうも、どうも。ご無沙汰で」

と挨拶すると、即座に、

「お、副社長でしょ！」

と僕を指さした。律儀というか、やはりちゃんと情報が整理されて頭の中に入っている。

さすが日本一のツッコミである。

「おー、えー、へー、あーん」

と横で僕らのやり取りを見ながら感慨深げに声を出しているのが松ちゃんだった。

浜ちゃんとはその二週間後にまたゴルフ場でばったり会った。縁ができるというのはそういうことなのかもしれない。ちょうど、僕らがブッチャーブラザーズコンペのようなものを開催していて、ラッシャー板前くんやそのまんま東などのたけし軍団、それから他の芸人や役者さんたちと一緒にゴルフをやっていた。

「おー、また会ったね」

なんて笑って挨拶をして、わかれた。ラウンドが終わってからはパーティールームで打ち

上げをする。幹事の僕らが点数を計算したり、別室で準備をしていたら、係の人が来て、

「さきほど、浜田さまがパーティールームにいらして、『打ち上げがあると聞いたので、ご挨拶にきました。まだ始まっていなかったのですね。お先に失礼しますが、皆さまにもよろしくお伝えください』とのことでした」

と。非常に律儀な人である。だからこそ、誰にでも突っ込みができるのだ。


浜ちゃんと貴明は似ているところがあると思う。貴明は自分のYouTube番組にカンニング竹山をよく出していたのだが、その日も竹山をいじりにサンミュージックに乗り込んできていた。たまたま会社にいた僕が収録現場の会議室に顔を出すと、

「あれ、ちょっと。リッキーさん、何、社長？　え、常務だっけ？」

「副社長だよ」

そんなやりとりがあって、やっぱりマッコイ斉藤がいて、

「リッキーさん、どうもです。（カメラ）回してていいですか？」

「いいよ」

とか言いながら、結局僕も番組に映り込むことになった。そういうノリでありつつ、情報を押さえているところが、何か浜ちゃんと貴明に共通するものがあるように思うのだ。

ウッチャンナンチャンやとんねるず、爆笑問題も入れてもよいかもしれないが、彼らは早々にメジャーになったと言われているが、逆に考えると、下積みがほとんどなかった分、テレビというフィールドでずっと本番だけをやり続けて仕上がっていった叩き上げ芸人と言えるだろう。テレビに出ている五年間と、下積みだけをやっている五年間では密度が違う。だからこそ、いまでも非常に力があるのだ。

吉本の芸人たちも、突然ポッと出てきたように思えても、彼らには劇場があるので、ほぼ毎日舞台という本番を経験している。ダウンタウンですら劇場からの叩き上げなのだ。

東京に吉本のような劇場がなかったこの頃、若手芸人たちに本番の舞台を提供していたのがショーパブであり、それがベテランとなった芸人たちの芸をいまでも支えている。

5　サンミュージックへの帰還――お笑い班復活

なぜ、サンミュージックに戻ることになったのか

人力舎にいる頃のこと。サンミュージックにもともとは森田（健作）を担当していて、僕らもずっとお世話になっていた石本さんというマネージャーがいた。携帯電話もほとんどない時代、どうやって連絡先を調べたのかわからないが、彼から家に電話がかかってきた。聞くと、サンミュージックでまた新しいお笑いをやりたいという話になり、お笑いライブをやることになった、と。専務の森口さんも一緒だという。

ゆーとぴあさんの出演が決まっていて、人力舎にネタ見せに来た結成したばかりのカンニングや他の何人かも声をかけられていたようだった。

お笑いライブとは何かも、運営の仕方もよくわからないまま、とりあえず本番ができるところまではこぎつけた。しかし、本番をやるにしても、それをどうやって評価したらいいかわからないし心配なので、見に来てくれないか、ということだった。

それで、ぶっちゃあと二人、見に行くことにした。見てみると、彼らの心配した通りだった。まず、開催場所を聞いて「えっ⁉」となったのだが、サンミュージック音楽部門のパイプで、当時乃木坂に本社があった日活のホールを借りていた。こんなところでは仰々しくて、お笑いをやるのにはまったく向いていなかった。

内容についても、個々のネタのレベルもあるが、そもそものMCや全体の流れの仕切りがぼろぼろだった。

「ちょっと酷すぎるな」

「感想をそのまま伝えらんないね」

と話していて、また次の回にも見に来てほしい、と頼まれたが、

「むちゃくちゃ言ってしまいそうなので、もう勘弁してください」

と断ってしまった。

結局、定期開催をもくろみ、サンミュージックからお笑いタレントを輩出することを期待したそのお笑いライブは、半年たたずに終わってしまった。

そこから何年かたってからのこと。

サンミュージックの顧問をされていた作曲家の竹村次郎先生から電話が入った。

竹村先生には、森田の付き人時代から可愛がっていただいていた。当時のサンミュージッ

クにはいなかった役者の付き人、しかも関西からやってきた、というので面白がってくれていて、ブッチャーブラザーズとしてお笑いをはじめると、竹村先生は、

「実は僕は音楽じゃなくて芸人に憧れていたんだ。お笑いやりたかったんだよ」

とおっしゃった。浅草生まれで生粋の江戸っ子、子どもの頃から芸の舞台を見ていた竹村先生に連れられて浅草のお店をいくつも巡ることもあった。

そんなお世話になっていた竹村先生からの電話は、

「ジュニアがさ、ちょっと二人に相談があるらしいんだ」

というものだった。

ジュニアというのは現社長の相澤のこと。当時、副社長だった相澤が本格的にお笑いをやりたいと言っているから戻ってきてほしい、ということだった。竹村先生からの頼みで無下に断ることもできず、またこちらの状況も複雑になっていたので、それを整理するためにも、一度話を聞いてみることにした。


人力舎でJCAの授業を担当し、お笑いライブ「バカ爆走!」を支え、新しい芸人の発掘・スカウトまで手掛けていた僕らは社内での影響力が強くなっていた。が、あるとき、ちょっとしたトラブルがあって(もちろんすぐに会社との関係は修復して、いまでもつながりはあるのだが)、結局人力舎を離れることになった。

一つは、僕らには特別なマネージャーがついておらず、仕事が常にあるわけでもなかったということもある。その反面、器用貧乏なところがあるので、会社としては重宝がってくれていた。扱いが悪かったわけではないが、大きな仕事が組んでもらえるわけでもない。年齢的には中堅どころだったのだが、存在としては大御所のような感じ。何となく中途半端になってしまっていた。玉川社長からは、

「ブッチャーブラザーズはそのままで行って、名人芸を目指せばいい」

と言葉をかけてもらっていた。今振り返ると玉川社長の声の向こう側に込められた思いを眺める余裕もあるが、まだ野心のあった年頃、そんな悠長なことを言っていられないという気持ちもあった。

その後、フリーになって、一年目は先にも紹介したYさんと一緒に、稽古場を運営したり、ダイエー系でやっていたビタミン寄席をもう少し拡大展開しようと動いたりしていた。当時Yさんから僕らは手取りで四〇万円ももらっていた。破格の金額である。しかし、ここでYさんと僕らの間の意識のズレから、行き違いが生まれてしまう。

イベントを本格的に拡大してスタートしよう、ということになり、各プロダクションや関係のあるお笑い業界の人たちを呼んでお披露目会をやることになった。もちろん人力舎の玉川社長も来てくれた。一応、会費制で会費は五〇〇〇円だったのだが、五万円を包む人から

一〇万円包んでくれる人までいて、合算するとご祝儀が一〇〇万円をこえるほどになった。

「ありがたいね、たくさんご祝儀いただいたね」

なんて言いながら、経費を精算して、残りをぶっちゃあと二人でわけてしまった。

——後で考えてみたら当然のことなのだが、それがマズいことだ、というのはその時点では頭にまったくなかった。

Yさんから電話が入った。

「うまくいったみたいで良かったよ」

「ありがとうございます」

「あ、それでお金ってどうしたの？」

「もう自分らでちゃんと精算しました」

「え？ ご祝儀とか包む人いたでしょう？ 結構な額になったんじゃない？」

「いや、経費引いて二人でわけました」

「……そういうのは会社に言わないとまずいよ」

「……そうなんすか？」

彼としては、毎月固定で僕らに四〇万円払っていて、ライブの企画をやって、場所も提供して、今後はきちんとしたプロダクションとしてやっていけるように考えてくれていたのだった。収入があったら、個人のものではなく、会社のもの。会社として動いているのだから。

経営の観点からしても、筋としても、まったくもって彼の言うことが正しい。でも、そこまで考えていなかった僕らは、

「自分も役者とか劇団とかやっていたからわかってるけど、ご祝儀を二人だけでわけるのは違うと思うよ」

と言う彼の考えに納得することができず、ご祝儀を返す、返さないでかなりの期間揉めることになり、結局一年半くらいで袂《たもと》を分かつことになった。最終的には辞めるんだったらもうお金は返さなくていい、という話になったと思う。不義理だったのは僕らである。

ブッチャーブラザーズがたけし軍団に？

それで、人力舎を辞めてから二年くらいたって、ちょっとしんどいよね、という状態になってしまった。自分たちでもあちこち動いて、やはり事務所に入った方がいい、と考えるようになっていた。

その頃たけし軍団のラッシャー板前の結婚式があった。

たけし軍団結成のきっかけを作った（詳しい話をするとこれまた長くなるので割愛するが……）ぶっちゃあは当然、僕も一緒に呼ばれて参加した。

たけしさんもいらしていて、ぶっちゃあは「殿ぉ！」なんて言いながら、二次会にもくっついていった。何かのきっかけで、いま事務所に所属していなくて、フリーになっている、

という話をしたところ、たけしさんが、

「あーもう、おまえらとも本当、古い仲だから。もしどこも行かないんだったら、おいらのとこ来たらいいじゃん。オフィス北野」

と誘ってくれた。なんかあったらいつでもおいで、そう言われたぶっちゃあはそれでもう舞い上がってしまった。

当初、それほどたけしさんに心酔していたわけではなかった彼だが、あるとき付き合っていた女性（いまのぶっちゃあの奥さん）がたけしさんのファンだった影響で、ツービートの漫才から映画からすべてに詳しくなって、奥さん同様大ファンになっていたのだ。

二次会から一緒に帰りながら歩いていると、

「リッキー、もうさ、殿がこう言われてっからさ……」

すでに、ぶっちゃあの心はたけし軍団の一員になっていた。

しかし僕は冷静だった。Yさんの所は辞めてしまったが、自分たちでもある程度のかたちは作ることができている。実際に今後について相談している相手もいて、ブッチャーブラザーズ・オフィスを作ったらどうか、多少援助はする、と言ってくれてもいた。

ぶっちゃあと相談したが、彼はもうたけしさん。それ以外はない。

僕も悪い話ではないと思っていたが、二人でちょっと整理してみることにした。

たけし軍団には芸歴でいったら先輩は一人もいない。いまからそこに入るとどうなるだろう。向こうにしてみたら、芸人の仲間だし、ブッチャーブラザーズならいいよ、横並びの兄弟みたいなもんだよ、って言ってくれるだろう。でもたけし軍団のあの体を張る芸を僕らはやったことがないし、ちょっと質も違う気がする。そして、そうはいっても事務所としての先輩・後輩にはなるから、もしなんかあったときにはぎくしゃくするかもしれないよ、と話した。

ぶっちゃあもそれを聞いて、「うーん、たしかにそうだなぁ」と悩んでいる。

もう一つ、実際の問題として、僕は人力舎時代からのダンディ坂野はじめ三人の弟子を抱えていたので、彼らと一緒にたけし軍団に入るのは無理だろう。かといって、そんな途中で、自分たちの都合で弟子を見放すなんてことはできない。

どうしたものか……と逡巡していたちょうどその頃に入ったのが先述の竹村先生からの電話だったのだ。

サンミュージックに向かい、話を聞いてみたら、真剣にお笑いを展開する、という気持ちがうかがえた。しかし、その場では即答せず、一度話を持ち帰ることにした。すぐにぶっちゃあと会議を開く。

今回、サンミュージックに再び戻るとして、叶えてもらうべき必要な条件があるだろう、という話になった。

まず、いま抱えている弟子も一緒に連れて行くということ。僕らは固定の給料はなくてよい。完全に歩合でOK。仕事がなければ収入はゼロ。代わりに事務所を出入り自由で使わせてもらい、稽古場としても利用できるようにすること。

次に、最低五年間は我慢してお笑いへの展開を継続してもらうこと。以前のように、ちょっとうまくいかないからといって、もうお笑いは止める、ということはナシ。

そして、お笑い班を立ち上げるということは、僕らはプロデューサーとしても動くことになる。だから芸人としてのタレント契約もするが、それとは別に、もし、お笑い班に属する芸人が売れた場合は、何パーセントかプロデューサーフィーが欲しい、ということ。

この三つを条件として、受け入れてもらえるようであれば、サンミュージックに戻る、という返事をした。

誰にも聞けないギャラの話

プロダクション・事務所のギャラにもいろいろある。その当時は固定給でスタートすることが多かった。そうなると、三〇〜四〇年前で手取りが二〇〜三〇万円あった。その頃の二〇代の人間にしてみると「え、こんなに?」という額だった。

しかし、それも良し悪しだった。というのは、売れて忙しくなっても、額が変動しないからだ。歩合制だったら、売れないと全然収入がないが、売れたら固定給の手取りの一〇〜二〇倍はもらえる。ダチョウ倶楽部は最初三〇万円ほどもらっていて、出たばかりなのにもらってるな、あいつら、と周りからも見られていたが、売れても数年間はその額のままだった。そうなると歩合だった場合と半端ない差額が出てきてしまう。

最近では会社も芸人に固定給を出しにくいということもあってか、完全歩合制のことが多いと思う。人力舎の時も僕らは完全歩合制だった。浮き沈みがある芸人にとっては、売れたときのことを考えると、契約というのは本当に大事なことなのだ。

吉本興業のギャラが安い、ということがよく芸人の冗談で言われているけれど、彼らには常に仕事がある。劇場があるからだ。西ならなんばグランド花月、東ならルミネ the よしもとを筆頭に、全国で一四か所に劇場がある。稼働している劇場なら、毎日舞台がある。

一回出ても一〇〇〇円、三〇〇〇円しかもらえない、と言われるが、それはあくまで若手の場合で、ある程度何年かお笑いの仕事をしていたら、月に一〇日も出たら二〇万円ちかくにはなる。複数の劇場を掛け持ちしたら、ベテランになれば四〇〜五〇万円ほどになる。寄席芸人のようなかたちにはなるが、安定した収入が得られるようになっているのだ。

お笑いライブの意味と目的

一九九七年、副社長だった相澤の強い働きかけもあって、先の三つの条件を受け入れてもらえることになり、サンミュージックへと戻って来た。

しかし、一番肝心なプロデューサーフィーは、芸人が売れないことには入ってこない。

Yさんと一緒に仕事をしていたときに固定でもらっていたお金の残りと、僕の奥さんも贅沢しないで細かく貯金してくれていたことで、四〇〇〜五〇〇万円くらいの資金はあった。……あったが、ダンディ坂野が売れる前にそのほとんどがなくなってしまった。

ゼロからスタートしてお笑い芸人を育てるのは、想像以上に大変なことだった。お笑いのやり方が浸透していなかったサンミュージックでは、まず、お笑いライブを開催するのに会社から持ち出し、つまり、会社がお金を出して、会場を作って人を集める、という感覚がまったくなかったのだ。

無理もない。歌手を売り出すのにかつては必ずキャンペーンをやってあちこち回っていたが、そこでかかる経費は全部原盤権を持っているレコード会社持ちだったのだ。プロダクションは一銭もお金を出していなかった。

レコード会社としては、レコードが売れないことにはお金が入ってこないので、とにかくお金をかけて歌手を育成する。デビューからプロモーションまで合わせて何千万も育成費がかかっている歌手も存在した。それも必要経費だったのだ。

それに比べたら、お笑いライブは一回五〜一〇万円あれば開催できる。まるごと赤字でも損は一〇万円だけで済む。会社という規模を考えたら、本当に大したことはない。しかし、「タレントを育成する」という考えがほとんどなかった当時、サンミュージックでは、自前でお笑いライブを開催することに非常に強い抵抗があった。その根本には、プロダクションは興行で儲ける、という発想があったからだ。

お笑いライブと興行は根本的な意味合いが違う。お笑いライブは、芸人の本番、つまり人前で芸を披露し、実際にネタがウケるかどうか確かめる機会を増やすこと、そして、そのウケる芸ができたら、それを全国に広められる人、つまりテレビ関係者などに売り込むためのものなのだ。だから、お笑いライブ単体で収支を考えてはいけない。

サンミュージックお笑い班は当初、芸人が僕とぶっちゃあ、弟子の若手が四人、営業担当が現在は広報部にいる川口と現在はお笑い班の統括部長になった小林、その七人だけだった。

営業サイドの二人に伝えたのは、

「これから何やるかというと、話は単純や。とりあえずお笑いライブを開催する。そうしたら、そこにあちこちからプロデューサーやディレクターを呼んできてくれ。それが君らの仕事や。お笑いはそこから始まるからね」

ということで、改めて一から一緒にやって行くことになった。

お笑い班はそれで、動き出すことができた。しかし、社内の他部署との会議は大変だった。

「お笑いライブ？　それは興行なの？」

「一人五〇〇円で、五〇人、一〇〇人の会場でやっても、ぜんぜん採算とれないでしょ。どうすんの？」

そんな声にさらされていたが、やはり副社長肝入りのお笑い班。反対意見や懐疑的な意見が出ても、それを通してくれたのは心強かった。

ダンディ坂野、スターへの長い道のり

実際にサンミュージックに戻ってお笑い班を立ち上げた頃、あまりにもかけ離れたギャップに、ぶっちゃあと二人、

「こんな感覚だから、お笑いライブをやったってうまくいかないよな。芸人、育てたことないんだもんな」

「そうだよね。でもさ、売れる芸人をちゃんと出さないと、社内で大きな声出せないぜ」

と、会議室にこもっては、なかなか芽が出ないお笑い班の日々をごまかすようにぼそぼそつぶやいていた。

もちろん、講師の経験もあったし、ショーパブでの経験もあったし、自前のライブでのネタ見せも行っていたので、体感的に「売れる芸人」を見抜く力も自信もあった。しかし、人力舎から何人も芸人を引き連れていくことは、筋としてもおかしなことになるので、当然できなかったし、やらなかった。

僕らが人力舎を辞めると言ったとき、そこにいたのはほとんどが僕らが連れてきた後輩か、

あるいは養成所で教えた教え子たちだった。彼らは僕らが人力舎を去ることを聞いて「えー⁉」と驚いていたが、結局ほとんどはそこに残った。しかし、僕らと一緒に辞めてまで後を追いかけてきたのが、ダンディ坂野だった。

いまとなっては申し訳ないの一言に尽きるが、その時点で彼が伸びるとは到底思えなかった。だから、

「なんだよ、おまえかよ、ついてきたのは……」

故郷の石川に帰れ、加賀に帰れ、とことあるごとに言っていた。

もともと坂野が東京に来たのは、アイドルや歌手が大好きで、芸能界に広い意味で憧れていたからだった。彼は、JCAができたのを見て、これは枠としてはお笑いだけど、芸能界への片道切符を買えるなと思って入学することにしたらしい。一度芸能界に入ってしまえば、お笑いやっていても歌手になることもできるだろうし、と。爆笑問題の田中くん同様、トシちゃんに憧れていたのだ。

JCAに入ってからは、コンビを組んでいた。コンビ名はラブリン。いかにも売れなそうな名前である。相方も中野区のお坊ちゃんだけど不格好な男で、貧相な坂野と一緒に出てくると何とも言いようのない脱力感を覚えるコンビだった。

ただ、今思うに、面白くはなかったが、ネタとしてはきちんと形になっていたように思う。

それは人力舎時代の玉川社長のモットー「芸人たるもの、必ずネタを作れ」、そして、小

川祥二マネージャーによるネタの精査、そして僕らが開催したライブにより人前でのパフォーマンス回数が多かったことなどによって、ひとしなみに正統派なスタイルを覚えていたからだろう。

ＪＣＡでは、舞台、ライブで本番をやらないと芸が育たないという僕らの方針があって、ＪＣＡライブというものも公演していた。ここではそれぞれ、ネタができるやつはネタをやる。企画ものといって、ピン芸人、バラ芸人を集めた集団コントもやっていた。

あるときその集団コントで面白いことが起こった。

クイズネタで集団コントをやっていたとき、三人が回答者、一人が司会で、それを坂野が担当していた。彼は金沢のパブかディスコでアルバイトしていた時の黒いジャケットと黒いズボンを持っていて、その唯一の晴れ着に蝶ネクタイを着けて登場していた。

それをパッと見たときに浮かんだのが、ミス・インターナショナルの大会で岡田眞澄さんが同じような洋装で司会やエスコートをやっていたイメージ。

もちろん坂野はそれを模したわけではないだろうし、実際の司会でも噛むし、たどたどしいし、やっとこさ話を回しているんだけど、妙な面白さがあった。

クイズに対して、回答者たちがとんちんかんな答え（ボケ）を連発していく中で、ちょっと会場にウケると坂野が、あの指差しポーズのような形で、

「おー、ゲット」

「それいいねぇ、ゲット」

と言っていた。司会の回しも優れていたわけではなかったが、いままでになく彼がしゃべっていて、あれ、この感じちょっといけるんじゃないかな、と思った。

ライブがすべて終わってから、総括して、気になった出演者には個別にコメントしていくのだが、坂野を呼んで聞いてみた。

「あのさ、さっきの指差しのやつ。あれはじめてやったの？」

「そうなんです」

「なんて言ってるの？」

「それいいね！　ゲット！」

「衣装は？」

「ちょっと岡田眞澄さんを意識して、黒タキシード風にしてみたんですけど、ダメでしたかね」

「いやいや、いいよ。僕も岡田さんっぽいなと思ったよ」

衣装についてはちゃんと考えられたものだった。

「ゲット、良いと思う。この方向でギャグを作っていったらどうだ」

ということでスタートしたのが「ゲッツ！」への道だった。ぶっちゃあも同意見だった。

宝田明や岡田眞澄の昭和なちょっと洋風でダンディな感じと、北陸出身の素朴な坂野の感じが合わさって、何とも言えないおかしな雰囲気を醸し出していた。

そうそう、最初はゲット!だった。実際に彼が言っていたのは「ゲット!」。でも滑舌が悪くて「ゲッツ!」寄りになって行って、その後SMAPの「青いイナズマ」のワンフレーズにあった「ゲッチュー」が混ざって生まれたのが「ゲッツ!」なのである。「ゲッツ!」というキラーフレーズだけでもいろいろ変遷があったのだ。

ブレイクの六年半前からすべてが用意されていた

人力舎を辞めた後、大久保の雑居ビルのようなところに部屋を一室借りて、ブッチャーブラザーズ・オフィス(仮)が始まった。坂野と他の弟子もそこにやって来た。シャワーはかろうじてあり、小さなキッチンもあったので、彼らはそこに寝泊まりしたり、稽古場にしたり、僕らが事務作業したりするのに使っていた。

大久保もいまのように韓流ブームが来るずっと前のことだ。ただただ雑然としたエリアの、古臭い四階建ての小さな九龍城のような建物だった。他に誰が住んでいるのかもわからないような。

一階が安い中華料理屋で、毎日のようにそこで食事をしていた。事務所に仕事の依頼が来て電話に出られないとまずいので、携帯がなかった時代、固定電話の子機をもって降りて炒飯をよく食べていたのを覚えている。

ショーパブやレストランシアターなどに出演していた時に、舞台監督見習いのようなことをやっていた知り合いができて、彼がその事務所に遊びに来ていたときのことだった。何の偶然か、音源や効果音の素材を持ってきていた。

「リッキーさん、こんなのお笑いライブでどう？　使ったらちょっと面白くない？」

「ほー、いろいろあるんやね」

「これなんか賑やかしにけっこういいんじゃないかな。新喜劇ほどじゃないけど、抜け感があって、でもブラスな感じでちょっとアメリカンなんだよね」

彼がカセットを換えて、再生ボタンを押した。音が聞こえてくると、頭の中で大切なピースがひとつ、はまった。

「……ちょっと、これ、なんていう曲？」

「え？　いいでしょ？」

「いやさ、実は坂野ってやつがいて」

まだ「ダンディ坂野」という名前はついていない。坂野賢一だった。

その音が流れ出てきた瞬間に、坂野が舞台でゲッツ！をやっているシーンがくっきり浮かんできたのだ。その後、買い物から帰ってきた坂野に何種類か音源を聞かせて、どれがいい？　と聞いた時、彼が選んだのもその曲だった。

「これ、いいよね。この曲が流れたら、おまえが舞台に登場するんだ」

大事なのはイメージだ。先に描かれたイメージが、現実を引き寄せる。

フレーズは決まった。出囃子も決まった。衣装の方向性も決まった。ネタの構成も、小話を四〜五本やってからのゲッツ！　これでだいたいの流れが決まった。

あとは芸名である。芸人として一番大事なもの。その名を呼ばれることによって、芸と自分が広まっていくもの。坂野賢一、では売れない。

やはりちょっとバタ臭い感じを出したい。たとえば、脚本家のジェームス三木さん、バンドをやられていたスマイリー小原さん、横文字＋苗字のようなスタイルがよいのではないか、という話になった。

その時、思い出したことがあった。『ひょっこりひょうたん島』に全身黒ずくめ、マフラーを巻いてハットをかぶって、サングラスをかけたマシンガン・ダンディというキャラクターがいた。シカゴギャング出身で、クールでニヒル。ピストルはじめ飛び道具ならなんでもござれの達人。

「――ダンディっていうのも良いと思うんだよね。実は『ひょっこりひょうたん島』にさ……」

と説明をした。

「へぇ、それは面白いですね」

「じゃあ、たとえば、ジェームス坂野、スマイリー坂野、ダンディ坂野……ちょっとおまえも自分で言ってみて」

「はい。ジェームス坂野……」

坂野が自分でも繰り返してみる。

「どう？　ダンディ坂野」

「やっぱり、ダンディが一番響きがいいですよね！」

ついに芸名が決まった。ダンディ坂野の誕生である。

後で振り返ってみると、この瞬間にすべてがほぼ完全に用意されていた。

しかし、芸の世界は残酷である。ここから売れるまで、実に六年半がかかる。

地獄のゲッツ！

坂野とはぶっちゃあと三人で営業や泊まり込みのイベントなどによく行った。二人だけでやるネタもあったが、三人いるとできる効果的な営業用のネタもあったからだ。営業ネタといえば、コントパロルである。彼らがやっているネタを見ていて抜群にウケるのがわかったので、

「僕らも営業の時、そのネタ使わせてもらっていいかな？」

と聞いた。

「いいよ、もちろん。使ってよ」

と許可をもらって、コントパロルに教えてもらったネタを引っ提げて営業を回っていた。

ここだけの話だが……僕らの方がネタをやるのはうまかった（？）と思う。


坂野は本当に努力の人だ。それもすさまじいまでの努力である。

人力舎を辞めてから半年も過ぎた頃だろうか。

「地獄のゲッツ！」という稽古が行われた。先に言っておくが、僕らが地獄にしようとしたわけではなかった。皆が一生懸命やった結果、地獄が生まれてしまったのである。

ある時、お世話になっていたYさんにも坂野のゲッツ！（正確に言うとその時はまだゲット！だったが）を見てもらおうということになり、稽古場に集まった。しかし、その日はたまたまYさんが稽古場（兼事務所）には来ていなかった。それで、せっかくだから稽古をしよう、という話になり、ぶっちゃあと僕と坂野の三人で稽古をすることになった。

稽古場に入ったのは朝の九時過ぎ。

「よし、じゃあ、やろう」

「やりましょう。お願いします！」

「出てくるところからね」

「はい！　……ゲット」

「おいおい、ダメダメ。おまえ、稽古だからって抜いちゃダメだよ。いつでももっとテンションン高くやらないと」

「そうですよね。もう一回行きます。……はい、どうも～ゲット！」

今度は出てきて、クルっと回ってからのゲットだったが、なんか違う。この辺が芸の難しいところで、「全然違う」と「そう、それ！」の間に「なんか違う」が横たわっている。ここを抜けないと、そう、それ！に到達することはできない。つまり、ウケない、ということだ。

「たとえばさ、ちょっともっと面白い動きを加えてみるとか、いろんなことがあるよね。結局は一個ずつの積み重ねだから」

「まだやれてないことが結構ありますよね」

「たとえば……ほら、ぶっちゃあもやってみたら」

「あぁ、やりましょう。そうね、俺やったら、こうやってみたり……」

「なるほど！　ちょっとやってみますね」

「おうおう、そういうのもあるかもね。じゃ、リッキーもやってみ」

「じゃあ、俺もやるわ。……ゲット！」

――そうやって三人が交代であらゆるゲッツ！の可能性を探っていった。

「それはちょっとちゃうんやないか？」

「んなことないやろ。坂野、もう一回やってみい」

「……すみません……」

「どうした？　なんか新しいの見つけたんか？」

「……いや、ちょっと……休憩しませんか？」

「え？」

とパッと時計を見ると、一二時半になっていた。三時間半経過している。

「ええー!!」

その間やっていたのは、ゲッツ！のみ。「地獄のゲッツ！　千本ノック」だった。

普通のネタだと短くても五～一〇分はあるので、一通りやってダメ出ししてたら一時間に二～三回しかできない。しかしゲッツ！は違う。

出た瞬間に、違う、もう一回。走って出てきて、もう一回。

後ろ向きに出てきて、もう一回。出てきて回って、もう一回。

坂野は何が正解かわからないまま、とにかくやる。こちらも何が正解か、やってみないとわからないので、とにかくやらせる。僕らも交代でやるけど、やっても僕らは三回に一回。

坂野は三回に二回。やる時間は短いがそれが数百回にも及ぶとダメージは大きい。さすがの坂野も音を上げた。

「……坂野、気づかなくてすまん……」

そこで切り上げて昼飯を食べに出ることにした。もちろん僕らのおごりである。

後年、坂野がブレイクしてからは笑い話になったのだが、いまだにあの時の坂野の蒼白な顔を思い出しては、悪かったな……と反省している。

とはいえ、坂野も、

「地獄のゲッツ！　本当にキツくて困りましたけど、いろいろ可能性があるってわかって、そこからバリエーションができるようになりましたよ。いきなりぱっと振られてもその場で対応できるゲッツ！の引き出しがありますから」

と言ってくれているので、少しホッとしている。

ダンディ坂野、苦難の日々

第二電電を襲名

僕らとしては自信があった。ゲッツ！しかできない不器用さがあったが、ちょうど、つぶやきシローが一回売れて、落ち着いてきた頃で、あの芸質を世間が受け入れてくれるなら、ダンディ坂野もいけるだろうと読んでいた。それほどいい男ではない、ちょっと滑舌が悪く、たどたどしくしゃべるというのが共通点。

その男がただのアメリカンジョーク、ダジャレを言う。ダジャレがウケると思って、ウハハと自分でウケる……そして、ゲッツ！

各ネタの導入で坂野が言っていたのが、

「ゲット！　どうも、ダンディ坂野です。おいら、この間……」

という台詞だった。これを繰り返しているうちに、ほとんどでんでんさんのネタにそっくりになっていた。以前にも紹介したが、でんでんさんは元は芸人である。

「よう、みんな！　ハッピーかい？　心から楽しんでるかい？　……楽しんでないだろう。みんなの口は笑っていても、目は死んでるよぅ。だが安心しな！　おいらが出てきたんだ。目いっぱい笑わせてやるぜ」

『お笑いスター誕生!!』でのでんでんさんのイントロである。

番組でもよく一緒になったし、親しくさせていただいていたので、いまのうちに一度相談しておこう、ということになった。それで連絡を取って、でんでんさんのお家の近くの公園で花見を開催することに。もちろん坂野も同席している。

招待したでんでんさんがやって来るとさっそく頼んでみた。

「でんでんさんにちょっとお願いがあるんだ」

「ん、どうした？」

「ちょっと、ネタがでんでんさんに寄ってるやつがいるんだよね」

「そうなんだ」

「うん、坂野、ちょっとやってみ」

「はい」

僕からのフリで、ひとしきり坂野がネタを披露する。

「えー、なんか本当、俺の芸質みたいで面白い。ブッチャーブラザーズの弟子なの？」

「そうなんだ。こういう感じのネタなんだけど、やってもいいかな？」

「いや、いいも悪いも、俺もほら、だんだん役者にシフトしてってってからさ。本当、面白いな。いいじゃん。自分のような形の芸は」

と言ってくれた。そこですかさず、

「そしたらでんでんさん、せっかくだから、なんかネタちょうだいよ」

機を見るに敏なり、が芸人の性《さが》である。図々しいともいう。

その時にできたネタのオチが、これだ。

「わからないか、俺の芸を見て。ゲッツ！　第二電電」

一九八五年に民営化されたNTTの前身が電電公社だった。そして、一九八四年に後発的に誕生したのが第二電電だった。後のKDDIである……といってもいまやほとんどの人がわからないかもしれない。要は、本家のでんでんさんに対する、分家なので、第二のでんでん＝第二電電ということである。お笑いを解説したら面白くなくなると言われるものだが、解説しないとわからない話なので、仕方がない。

花見から戻ってきて一連の話をしているうちに、ぶっちゃあは、

「うーん……でもさ、おいらって言うからあれなんだよね。そこはもう自分のことをダンディって呼んじゃったらどうだ？」

と言った。慧眼である。坂野も「たしかにそれはすごいいい感じです」と納得した。

こうやってネタが一つひとつ確かな手ごたえと共に組み上がっていった。

哀しみの展示会

そんなこんなで着実に、二分、三分、五分ぐらいの尺ごとのネタのストックも溜まりつつあった。――が、営業に出ても、誰もぴくりとも反応しない。その理由としては、誰も彼のことを知らなかったから、ということが大きかったと思う。

坂野の苦悩は続いた。

芸を練り上げつつあり、『ボキャブラ天国』にネタ見せにも通うようになった頃。一本の電話がブッチャーブラザーズ・オフィス、というと格好いいが要は大久保九龍城の一室に、かかってきた。

盛岡からだった。

「いやいや、一体どういうこと？　素人寄越すなんて。大変なことになってるんだよ！」

電話の向こうの人は怒るに怒れないような、困り果てたような、何とも言えない雰囲気を醸し出していた。

「可哀そうに、いま涙ぐんで、落ち込んで、楽屋にこもっちゃってるからさぁ……。もう無理だって言ってるんだけど、どうしてくれんの？」

その涙ぐんで楽屋にこもっていたのが……坂野だった。

事の顛末はこういうことだった。地方ではよくホテルの大広間などを借りて、農機具の展示会を開くことがあった。ユーザーである農家さんたちを招いて、立食パーティー兼お披露目会をやるのだ。その折、賑やかしとして、ミニステージが設置され、そこに芸人が呼ばれることがあった。この時もそれで事務所に仕事が舞い込んできたのだ。

日程は二晩のステージ。手を挙げたのは坂野だった。僕らも多少心配はしていたが、こうした営業は行ってみなくてはわからないところもあるので、とりあえず「頑張れよ」と送り出した。

しかし、当然……相手は芸に興味などまったくない地方のお客さん。難易度としては酔客しかいない田舎のスナックとどっちが上か。

坂野のネタとの相性が悪く、ウケなかっただけでなく、口さがない人たちの声も響き渡ったであろうことは想像に難くない。

いまでこそ、どこに放り込んでも大丈夫だが、その頃は舞台上でのトークも怪しかった。

ただでさえ怪しいトークがあまりのウケなさとヤジに焦って噛むし、さらに訳がわからなくなり、それに重ねてヤジは激しくなる。

　ワンステージをなんとか終えて楽屋に戻ってきたが、そこでダウンしてしまった、ということだった。しかし、舞台はもう一晩ある。なんとかせねば、と頭を悩ませていたが、たまたま色物＝マジシャンの芸人さんがつかまって、聞けばすぐ飛んでくれるというので、感謝をしつつお願いした。

　手配もできた。報告してから担当者に聞くと坂野はもう帰りたいと言っている、とのこと。そこにいてもやることもないし、戻ってくるように伝えてもらった。

　相当落ち込んだことだろう。しかし、僕らにはどうすることもできない。これぱかりは芸をやっている人間の宿命でもある。こうしたつらい経験を避けては芸人として生きていくことはできない。

　でも、だからといって「何をやってるんだよ！」と叱ることはできなかった。僕らも似た経験をたくさんしてきているから。帰ってきた坂野を迎え入れて、ぶっちゃあと二人で、

「いや、大変だったな。大丈夫か？　でも気持ちわかるで。僕らもキツい現場、重ねてきてるから」

「けっこうしんどかったな。まあまあ、送り出した俺らも悪かったわ……ごめんな」

　とねぎらった。事務所に戻ってきたときは豆粒みたいに小さくなっていた坂野からは声に

ならない申し訳なさだけが浮かび上がっていたが、盛岡でのあれこれを語り終わった頃、その表情は安堵に満ちたものとなり、少しずつ輝きを取り戻していた。

ブレイクはマツキヨから

その後、サンミュージックに僕らが戻って、坂野もついてきた頃。彼の芸は、通な人たちにはウケるようになっていた。

さまざまな業界人たちがライブを見に来てくれていたが、まったくお笑い畑ではなかった音楽系の関係者たちが、まず食いついてくれた。たまたま古くからの知り合いだった敏腕音楽プロデューサーと出会ったときのこと。

「リッキー、なんかちょっと変わってて面白いやつ見つけたってこないだ言ってたけど、どんな人？」

「次のライブに出る予定だから、よかったら来てよ」

「お、じゃあ行ってみるわ」

という話があり、彼も来てくれたライブに顔を出すと、案の定、というか坂野のネタはあまりウケていなかった。が、帰り際に挨拶をしに客席に向かうと彼が、

「すごいわ！　すごい。さすがだね。もうブッチャーブラザーズ、金持ちになれるよ、あいつで」

と。ちょっと予想していなかった反応で驚いた。が、見る人は見た瞬間にわかるということなのだろう。

また、まだ「平凡パンチ」があった時代。その編集部に所属したり、放送作家をやっていた杉作J太郎さんと会ったときも、

「いやーすごいものを見せていただきました。リッキーさん、もう、これは天下取りますね」

と言ってくれた。そんな感じで、コアな業界人には理解されるようになっていた。

坂野としては、尖った人たちにウケるようになっていて——もちろんやはり営業の仕事とかに出てもまったくウケることはなかったのだが——芸もかたまってきて、少し自信が出てきたようだった。

自主開催していた小さなライブにも、ファンがついて、応援に来てくれるようになっていた。『ボキャブラ天国』のネタ見せも続けていて、本番には出るというところまではいかなかったが、番組を制作しているハウフルスのディレクターなどにも「なんか、彼面白いですよね」と言ってもらえるようになった。

そんなこともあって、少しずつだがネタ番組にも出るようになっていた。

TBSに浦口直樹さんというアナウンサーの方がいた。お笑いのプロデュースが好きだった彼が立ち上げたのが『赤坂お笑いD・O・J・O』だった。開催は月に一度。場所はTB

Sホール。イベントは収録され、TBSラジオで番組として放送されていた。

まず、お笑いD・O・J・O参加権をかけて、おもしろくないと一定数の観客の手が挙がる、その前にネタを三回完走するゴングショー形式の道場破りをクリアして勝ち残ると、本戦の対決形式のコーナーに出られた。

坂野も他のボキャブラ芸人たちと一緒に、そこに出ていた。が、坂野の芸はまだ理解されておらず、すぐに手が挙がって失格、敗退。それでも毎月出ていた。僕もよく知っていたスタッフたちは、もちろん坂野の面白さに気づいてくれていたので、

「リッキーさん、ダンディさん、まだ本人が折れてなかったら出てもらえますか？」

「もちろん。頼むね」

坂野も「出ます！」と意欲まんまんだったが……舞台に出ていくと、すぐに手が挙がってしまう。しまいには、「次は、ダンディ坂野！」と呼び込みがあった瞬間から手を挙げている不届きなやつもいて、ぶっちゃあと「なんだ、あの野郎は！」と舞台裏で怒っていた。坂野の努力を知っているだけに、なんとかしたい、という気持ちだった。

それでもめげずに舞台に立ち続けたことがようやく実を結びはじめていた。

業界関係者の目に留まるようになったことで、たけしさんとウルフルズのトータス松本、ユースケ・サンタマリアがやっていた日本テレビ系列『新橋ミュージックホール』に出演（一九九八年）。やはり音楽系の感性にはハマりやすいのか、ウケた。

それでさらに業界での知名度があがり、マネージャーも各局への売り込みを続けた結果、テレビ朝日『内村プロデュース』に出られることになった。「若手芸人下剋上」企画で初登場すると、その後内村くんのハートをつかんで劇団員入りすることになった。

さらに同じテレビ朝日で土曜日の深夜に放送されていた、若手芸人の登竜門的な番組だった『完売劇場』に半年間レギュラーで入ることになった。番組には劇団ひとりや、アシスタントとして小池栄子が出演していた。

そのタイミングで「ダンディ坂野」を決定づけるCMに出演することが決まった。

そう、ドラッグストア「マツモトキヨシ」のCMである。

出演に合わせて、それまでは一張羅だった黒一色のスーツではなく、先方は衣装としてマツキヨカラーの黄色のスーツを作ってくれた。しかも、そのスーツを坂野にプレゼントしてくれた。それ以降、ダンディ坂野＝黄色がイメージカラーとなった。

二〇〇二年、売れた瞬間だった。

売れるまで辞めないことを体現した男

坂野のブレイクは、彼のみならず、僕らサンミュージックお笑い班を救うことになった。

会議室にこもってはぶっちゃあと二人、

「もうすぐ約束の五年がたつで……」

「まずいよなぁ、いやーもう切られるな」

会社に戻って来たときに取り決めた「最低五年はお笑い班を継続させる」という約束の五年がもう目の前に近づいていた。

「でも、もう少しなんだけどな」

「そうだよな。坂野も頑張ってるしな」

「まぁ、会社から言われるまでは、黙っておこうぜ」

「そうしよう……」

と瀬戸際な日々、五年がたってからの半年間、さらに息を殺して過ごしていたが、彼のブレイクによって、ようやく息を吹き返すことができた。

「売れている人は売れる」の法則がある。一度火が付いた坂野の人気は一気に燃え上がった。あちこちで、老いも若きもゲッツ！をやるようになる。

坂野はありえないくらいの多忙なスケジュールに巻き込まれた。というのも、担当マネージャーも売れたお笑い芸人を担当した経験がないわけで、よくわからないまま来た仕事をすべてスケジュールに入れてしまっていたのだ。もちろんマネージャーの生活もめちゃくちゃになったが、坂野はもっと大変だった。

マツキヨのCMが流れてからの一年間、彼はほぼ記憶がない、ということだった。僕らとも落ち着くまでの半年ほどは出会うことすらなかった。

ようやく会えたタイミングで、

「坂野、本当によかったな」

「いやー、あんとき頑張って報われたな」

と僕らが言っても、

「はい…はい……ありがとうございます」

と上の空で返事をした。そんなことが何回かあって、ぶっちゃあと、一度坂野を呼びつけて叱った。

「おまえ、ちょっと売れていい気になってるんじゃないか？　態度悪いんじゃないか？」

坂野は申し訳なさそうに、

「……すみません」

と謝った。僕らも坂野と話がしたかったので聞いてみると、

「あまりにも忙しくて、ちょっと自分を見失っていたかもしれません。お二人と会うのが怖かったですが、逆に会ってみると、すごく安心しました。ちょっと考えなきゃダメですね」

テングになっていたわけではなく、朦朧《もうろう》としていた、ということだった。

手堅く、真面目な坂野は、その後もテングになることはなかった。

売れてしばらく過ぎたあたり。サンミュージック出版のサウンドミッションから坂野に「歌を出さないか」というオファーが入った。それを聞いて、ぶっちゃあとは、

「プロダクションにありがちなんだよな。ちょっと名前が出てくると、儲かるだろうからって歌をやらせる」

と批判的だったのだが、当人は元々は歌手志望。喜んでいた。それで、社内インディーズレーベルのような感覚で作ったのが、『OH! NICE GET's!!』だった。販売としては三万枚くらいはいったのだろうか。赤字にはならなかった。儲けにはならなかったが、この曲は坂野にとって大きなメリットをもたらしてくれた。

歌があるおかげで、営業に出ても一五分、二〇分は平気、頑張れば三〇分は持たせられるようになった。もちろん既に顔も芸も知られているので、ネタはウケる。それでひとしきりネタをやってから、

「実はダンディ、曲も出しちゃってるんだよね。聴いてくれるかい？　ＯＫ、ミュージックスタート！」

で歌うと、そこからも広がりがあったということだった。

最初は苦労した坂野だったが、一度ウケると皆に愛されるようになった。

売れない頃から坂野を評価してくれていた杉作J太郎さんと話していたら、彼が、「ダンディくんの芸は、一番下を演じながら一番ウケるから面白いよね」と言ってくれていた。人に優越感を与えるキャラクターなのに、絶対モテないだろうに、一生懸命くだらないことを、着飾って格好つけながら自信たっぷりでコメントする。そのギャップが面白い。要はばかばかしくて、どこにも罪がない。

僕が思うに、ウケる芸に一番必要なのは何かというと、単純で、「真似しやすい」ということだ。そして坂野の芸にはその要素がたくさん重なっていた。

ひとつは「ゲッツ！」の指差しポーズ。「ガチョーン」もそうだが、アクションがあると子どもでもすぐに真似することができる。

次に、昭和から残るギャグを見ると、「あじゃぱー」「アッと驚く為五郎」そして「ガチョーン」までコンパクトで口ずさみやすい。「ゲッツ！」もその系譜に連なる。

そして、ネタの構造として、最後に「ゲッツ！」とやれば、すべてがネタとして成立する。これは、その後のヒロシの「ヒロシです」、髭男爵の「ルネッサーンス」、小島よしおの「そんなの関係ねぇ」、鳥居みゆきの「ヒットエンドラーン」、そしてスギちゃんの「ワイルドだろぉ」につながっていく。

しかし、それら後進のヒットギャグが次々押し寄せても、坂野の「ゲッツ！」はいまだに色褪せない。

思えば、最初に人力舎の養成所に来てから、ブレイクまで約一〇年はかかっている。その間、本当に大変なこともあった。いつ辞めてもおかしくはなかったと思う。

僕らが「売れる芸人になるために必要なことはなんですか？」と聞かれたときに、いつも返しているその答えがある。

「売れるまで、辞めないこと」

坂野はまさにそれを体現していた。

坂野が売れてから二〇年。売れる前の時間の実に倍以上売れていることになる。

一発屋と言われることもあるが、一発で二〇年以上もっているわけで、芸というのはやはりすごいものだなと思う。

緊迫のクビ会議で――カンニング竹山という男

「はい、じゃあ次、カンニング。入ってきて」

竹山と中島が会議室に入ってくる。普段のお笑いの稽古とはまた違うピリリとした空気が会議室の中に漂っている。それもそのはず、この場は「クビ会議」なのだ。

サンミュージックお笑い班が立ち上がってから、それを持続させるため、定期的に所属お笑い芸人の仕事ぶり、伸びしろ、稽古への態度、創意工夫、もろもろ含めて社内会議をし、誰と契約を更新するかを厳密に決める、ということを行うことにしていた。

今回の会議では、すでに僕の人力舎時代からの弟子がクビになっていた。泣いて馬謖《ばしょく》を斬るという言葉があるが、僕としても文字通り、断腸の思いで弟子にクビを宣告した。

「カンニングは……えーと……」

マネージャーの一人が「閻魔帳《えんまちょう》」ならぬ、これまでの実際の仕事や仕事ぶりを記した記録ファイルをめくり、「所業」を確認していく。

「テレビ番組、ゼロ本。ラジオ番組、ゼロ本。イベント仕事には少し出てますかね。ライブは……出てはいるけど、メモを見る限りまったくウケてない、と。最近では稽古にもあまり顔を出さなくなっているようです。ん～どうしますかね……」

「ちょっと、厳しいかな……」

会議にはマネージャーが数人、それから僕とぶっちゃあが出席していた。

会場の空気は悪かった。明らかにクビの方向に流れが傾いていた。竹山たちを見ると、膝の上に握りこぶしを固め、神妙な面持ちで様子をうかがっているように見えた。

しばしの沈黙の後、閻魔帳を開いていたマネージャーがそれをパタリと閉じ、

「この状態だと無理だと思います。クビでよろしいでしょうか？」

とまわりの意見を聞く。皆もうなずいている。

「それではクビで良いと思われる方は挙手をお願いいたします」

僕を除く全員の腕がぴんと伸びて天に届いた。

「それでは満場一致で……」

「――あ、ちょっと待ってください」

皆が僕の方を見た。

「サンミュージックではカンニング、いらないってことでしょうか？　いらないっていうことで良いですか？　良いですね？　はいはい、それじゃあ、カンニングは僕が預からせていただきます。サンミュージックお笑い班内、リッキー預かり、ということで。サンミュージックでいらないって話なら、僕がもらっても問題ないですよね？」

皆、きょとんとしている。何が起こっているのかわからない様子だ。それもそのはず、リッキー預かりなんてわけがわからないことを突然、僕が言い出している。クビ会議なのに。理解が追いつくはずもない。僕は急いで、机に身を乗り出しながら、

「おい、カンニング、いつまでそこに座ってるんや！　今からお前らはリッキー預かりになったんや。次もつかえてるんだから、さっさと退出せんかい」

と吠えた。

カンニングの二人は小声で「あ、はい」とだけ言うと、慌てて皆に頭を下げて部屋を出て行った。ぱたん、とドアが閉じたのを確認して、

「そういうことですわ。よろしく頼んます」

とだけ言って、ギシっと椅子に座った。皆の不審そうな目が僕に刺しこんでいるのに気付いたが、特に何も言われなかったので、そのままやり過ごした。


その当時のカンニングの「所業」はマネージャーが読み上げた通りのものだった。

次の会議では絶対にクビになる。歳を重ねさまざまな事務所を遍歴してきた彼らにはもう後がない。でも僕としては、もう少し頑張ったら芽が出るのでは、という期待があった。仮に芽が出ないにしろ、今この状態でクビにしてしまうのはあまりにも惜しいというある種の恩情もあった。

というのは、カンニングの二人とは、仕事関係なくよく一緒に飲んだり、食事をしたりしている仲だったのだ。彼らとしても「年数や経験はあるけど、僕らが一番危ない……」という気持ちはあったようだ。

それで、竹山たちと事前に出来レースを仕込むことにした。

つまり、絶対にクビになるから、そのまま黙ってクビになれ。その代わりに「リッキー預かり」にするから、その場では騒いだり、クビにしないでくれと頭を下げたりするな、と。

その経過が先に述べたような一連の流れだった。

そういうわけで、まんまと(?)カンニングの寿命はもう少しだけ長くなった。

しかし、長くなったといっても、せいぜい半年である。その間に、カンニングに火が付かなければ本当にクビにしなくてはならない。

僕はカンニングの二人の希望もあって、彼らと同い年だった、新人の印牧《かねまき》をマネージャーにつけることにした。印牧はいまやお笑い班の統括マネージャーとして剛腕を振るっているが、入ってきたときはろくに挨拶もできず、僕にも怒鳴られてばかりの男だった。そんな印牧をみて竹山も最初は「大丈夫かな……」と半信半疑だったようだが、やはり人間、大事なのは相性で、彼ら三人はチームとして悪くなかったようだ。

さて、ただ、チームを組ませたわけではない。先の予測を基に僕は、そこに、

「半年の間に結果を出せなかったら、チームごと消滅」

というとても重たい枷を掛けたのである……。

その枷を引きちぎるかのように、カンニングは驀進《ばくしん》することになるのだが、まずはそれまでの彼らの歴史を少し振り返ることから始めたいと思う。

二人がサンミュージックに流れ着くまで

竹山と中島は福岡出身。竹山は最初、別の相方とコンビを組んでいて、テレビ番組のオーディションで優勝して、できたての福岡吉本の一期生となった。同期には博多華丸・大吉が

いる。しかし相性が合わなかったのか、そこを一年で辞めて上京。そのコンビも解散となった。上京してから、バイトと遊びに明け暮れる日々だったようだが、ある時、何の気なく入った定食屋で奇跡的な出会いを果たす。そこにいたのが、小学校からの同級生の中島だった。中島はアイドルの親衛隊活動に明け暮れていて（当時の親衛隊というのはかなりガラが悪かった）、日本全国を飛び回っていた。高校も中退して、その後は板前を目指して福岡の日本料理屋で修業の日々に入ったが、腕の良かった彼を妬んだ同僚たちからの扱いが頭にきた中島は、先輩を殴って福岡を飛び出してしまう。親衛隊時代の影響なのか、そもそもの性分なのか、いまでこそ「キレ芸」と言えば竹山の十八番《おはこ》だが、本当にキレやすいのは中島の方だった。

そんなことがあってから、中島は親衛隊の仲間を頼って上京し、あちこちを転々としていたときに、竹山と偶然再会した、ということだった。

竹山の家に中島が居候するかたちで生活が始まった。二人で話をしているうちに、お笑いをやろうということになる。とはいえ、今と違ってどうやって芸人になったら良いかの手段も情報もほとんどない時代。ましてや地方から出てきた二人には芸能関係の伝手もないし、どころか知り合いもいない。

いや、知り合いはいた。その時役に立ったのが、中島の親衛隊時代のネットワークだった。親衛隊の頃の活動を思い返し、直接事務所に連絡を取るのが早かろうと考えた中島はネットワークを利用し情報を集めると、片っ端から芸能事務所にアクセスしていく。

そこでうまくつながれたのが、渡辺プロダクションだった。竹山の経歴もあり、彼らはオーディションを経て、無事渡辺プロに所属することになった。が、それもつかの間、安心した彼らは「東京を満喫」し始めてしまい、ネタも作らず、真面目に稽古もしなくなり、結果「素行が悪い」と判断され、一年半ほどでほぼクビ間近の状態になってしまう。

その時、先に渡辺プロを出ていた元社員から、今度はサンミュージックでお笑い担当になる、という連絡をもらった。渡辺プロでうまくいっていなかった彼らが話を聞くと「月に三〇万円稼げる」「仕事はたくさんある」と良い話ばかりだった。結局、渡辺プロを正式にクビになり、サンミュージックに移籍することに。この移籍が後で渡辺プロの知るところとなり、ひと騒動起こるのだが……話を先に進める。

この頃のサンミュージックの「お笑い」は、先にも述べた通り、お笑いライブを失敗した時代だった。僕らは人力舎にいた。当時のことを竹山に聞くと、結局仕事はほとんどなく、当時のマネージャーが一生懸命パソコンを開いて何かやっているので、そんなに一生懸命やってくれているのに何で仕事がないんだろう、と後ろからそっとのぞいてみると、なんと育成ゲームで猫を育てていた、という状態だった。

そして、これでは先がない、と諦めてサンミュージックを辞め、別の事務所に移籍する。

しかし、そこも一年たらずで、先方の都合で事務所が解散となってしまう。

途方に暮れたところで、彼らは一本の電話をかけることになる。それが命綱となった。

「リッキーさん、竹山です。こんどサンミュージックに戻るってお話聞いたんですけど」

電話をかけた相手は、僕だった。

カンニングの二人は渡辺プロ所属時代に、僕らの所でネタ見せをしていた。その頃からの付き合いだった。僕は当時から結構カンニングが好きだった、漫才も人柄も。漫才は、完成度は高くなかったけど、二人の掛け合いに何とも言えないパワーを感じていた。

「おお、竹山。どうした？」

「いや、実は、今いる事務所が解体することになっちゃって……」

「そりゃあ大変だな。どうするんだ？」

「リッキーさんが戻られるってことはお笑いやるんですよね？」

「そうなんだ。渡辺プロから何組かと、人力舎からも少しとで、全部で三〜四組しかいないんだけど」

「……自分たちも一緒にやりたいんですけど、どうですかね……？」

「それはもう大歓迎だよ」

「でも、前にサンミュージックにいて、辞めてるから難しいかなと思って……」

「前にいたって、そんなこと言い出したら、僕らが一番最初にいたのよ、サンミュージックに（笑）。問題ないよ」

「たしかにそうですね」

カンニングとしては、ブッチャーブラザーズの二人が戻って、本気でお笑いをやるというのなら、出戻りでもサンミュージックでやりたい、ということだった。

二転三転事務所を移り、さすらっていたカンニングの二人がようやくここに落ち着いたか、というと、まだまだ先はいばらの道であった。

「キレ芸」誕生

お笑い班を立ち上げてしばらくは、毎週木曜日にネタ見せ、稽古会を行っていた。

その頃、稽古会に参加していた芸人たちに後で話を聞くと、「毎回ピリピリしていた」「それだけならよいけど、一体どうなるのかと冷や冷やしていた」ということだった。

稽古会なので、もちろん和気あいあいとやることはないのだが、冷や冷やするような稽古会って……と思ったが、もちろん心当たりはある。ぶっちゃあと僕とがよく喧嘩していたのだ。といっても、仲違《なかたが》いとかそういうことではない。彼と僕の間でダメ出しの方向や、伸ばすべき方向のアドバイスがズレることがあったのだ。そういうことが生じるのは当然なのだが、二人とも真剣だ。バチバチ火花が散ることもある。

特にカンニングについては、意見がかなり分かれていた。

分かれていたというか、ぶっちゃあは、

「ようわからんな。いまのはわからん」

と言う。僕としては「ダメ出しのしようがない」と言ってしまうのは嫌だったので、

「わからんって。ネタ見てる側がそんなこと言っちゃダメだよ」

と返した。もちろん彼の言うこともよくわかる。要はカンニングがやろうとしていることがこちらに伝わってこない。何をやりたいのかがよくわからない。当然、僕らがわからないものをお客さんがわかるはずもない。

「そう言ってもね。わからんよ。教えることない」

「二人で見てるんだから、なにかアドバイスあるでしょう」

「いやぁわからん、任せるわ」

ってぶっちゃあが言った瞬間に、その場の空気が凍りついた。

僕がキレそうになっているのを会場にいる芸人たちが察知したからだ。僕がキレたほうが怖いということを彼らはよく知っている。

「わからんならええわ、もう横にいても邪魔やから、すぐ出てってくれる？　いま、俺がダメ出しするわ。邪魔やねん」

そのやり取りを見てる方の胃が痛くなる、ということだった。

サンミュージックの古参芸人たちはこうした稽古会を経ていま活躍しているのだ。

ヒントは酒席にあった

さて、カンニングのネタだが……とにかくまとまりがなかった。まず、ネタは六〜七分でまとめなくてはならないところ、大幅にオーバー、一五分は平気でやっていた。浅草の演芸であれば、そのくらいの尺が必要になるが、とはいえ、何をやっているのだか見ている側がわからない一五分はとても長かった。

しかし稽古会を経てもなかなかネタが仕上がってこない。袋小路に入ってしまったようだった。稽古会には遅刻するようになり、次第にギリギリ終わり頃の時間に来るようになり、最後には来なくなってしまっていた。

ここが少し面白いところでもあるのだが、稽古会には来られなくなっているけど、中野辺りで僕らはよく一緒にお酒を飲んでいた。彼らと飲んでいると楽しいのだ。二人とも座持ちのする芸人だったのである。

その頃竹山がやっていたバイトがカクヤス（というお酒の量販店）の配達員だった。しかしギャンブル好きだったということもあり、到底バイトだけでは生活が成り立っていなかった。中島と二人、それなりの額の借金を積み上げていた。

「リッキーさん、ちょっと聞いてくださいよ」

「どうした？」

「うちの大家がとんでもない奴で」

「おう」

「ちょっと家賃溜めただけなんすけど、部屋の前にすごい張り紙するんですよ。もうベタベタベターって。家に帰れませんよ、あれじゃ」

「いや、おまえ、こないだは借金取りに追われてるから家に帰れんって言うとったやないか」

と中島。

「まぁ、それもそうなんすけど、それでもあそこまでやるのは酷いなと思って」

「しゃーないな、じゃあ今度俺が行って大家と話してみるか」

「え、いいんですか？　ぜひお願いします！」

「おうおう、気にすんなや。ことによっては一言モノ申す必要もあるな。ところで、どのくらい家賃溜めとるんや？」

「そうですね、ん〜二年ちょいくらいかな……。はい、たぶん」

「二年ちょい？」

中島と声が揃った。

「そう、二年ちょい」

「二年ちょい!?　ってなんやねん！　そんなに家賃溜めるバカがどこにおる？　そら大家さ

んも怒るがな！　おまえの方がどう考えても悪いんじゃ！　もう、置いてもらえてるだけで感謝せな。いや～恥かくとこやったわ。恐ろしい……」

僕に軽く小突かれ、中島に呆れられた竹山は笑って舌を出した。その様子はとてもチャーミングだった。熊さんのような愛くるしい感じ。

その瞬間、僕に少し閃《ひらめ》くものがあった。

この感じ、面白い。

酒の席で竹山がくだをまいて延々と愚痴を言いながら、中島がそこに「ほんまにこいつ、こんなんでしゃーないんですわ」と軽くツッコんでいく感じ。そして竹山のキュートさ。それがうまくミックスされたら良い漫才になりそうな予感があった。

「――ちょっと、竹山が愚痴を言うというか、怒る感じでネタを作ったらどうかな」

何度かの酒席でのやり取りを経て、提案してみた。

この時、僕の頭の中には人生幸朗・生恵幸子師匠の「ぼやき漫才」があった。

「責任者出てこい！」の決めゼリフで有名なお二人は、幸朗師匠のぼやきに、生恵師匠が少し甲高い声でどんどんツッコむ小気味の良いスタイルで構成されていた。

二人で舞台に出てくると、幸朗師匠が口火を切る。

「わたしのこと見ると、皆ぼやきやぁ、ぼやきやぁ言うてねえ」

「当たり前や。誰かて言わはるわ。ボケ！」

「しかし、みなさん、これは私がボヤくのやのうて、今の世の中が私をボヤかしまんねん」

「キザなこと言うな、この泥亀！」

「誰が泥亀やねん」

「天王寺行ってこい。同じようなのがおるわ、亀の池に。泥だらけになって。……どっちが似てんのか知らんけど」

「じゃかぁーしい！　……まぁ皆さん聞いてください」

といったお決まりのやり取りから始まり、幸朗師匠が歌謡曲（ピングレディーや井上陽水といったもろもろの流行歌）や世相についてむちゃくちゃな難癖をつけるだけつけ、ぼやきがピークに達したころ、それまでもちょこちょこツッコミを入れていた生恵師匠が、もう耐えかねたと言わんばかりの、ひときわ大きな声で、

「アホ！　いつまでぼやいてんねや、この鼻くそ！」

と突っ込むと、それまではツッコまれてもいなしてぼやきを続けていた幸朗師匠が、目を丸くして可愛くぶりっこするように、

「かあちゃん堪忍！　ごめんちゃい！」

と言って漫才が閉じられていく。

この雰囲気がカンニングの二人でも出せるんじゃないか、と感じていたのだ。

マイクは本当にぶつけたらあかん

最初は、竹山が着物を着て、お大尽《だいじん》のように扇子をパタパタさせながら「よっしゃ、よっしゃ」と登場し、「もう、俺に番組を任せろ」「なんでも文句ある奴は言うてこい！」とあることないこと、大きなことを言う、というスタイルで舞台にかけてみたりもしていた。が、こちらはあまりハマらなかった。

そこで、やはり愚痴る、文句を言うということをメインにしたネタを押し出していくことにした。けれども、舞台の上となると、居酒屋での空気感があまりうまく引き出せていない感じでトーンダウンしてしまっていた。

彼らにしても光が見えたかのように思えた瞬間、それがまた遠のいてしまったように感じられたのかもしれない。試行錯誤をくり返しつつ、鬱々とした日々が重なっていく。

そんなある日、積み上げられた借金に業を煮やした取り立て屋たちが、竹山が潜伏していた部屋を突き止め、突撃した。驚いた竹山は窓から抜け出し、そのまま逃げ出した。向かった先は……ビタミン寄席だった。というのも、その日、カンニングもライブへの出演が決まっていたのだった。借金取りから逃げてそのまま舞台に上がる、昭和の無頼派芸人さながらのシチュエーションだったが、竹山としては、完全に破れかぶれだったそうだ。

「おい、大丈夫か？　今日のネタ、どうする？」

と聞く中島に、

「ネタも何もないわ。今日で終わりじゃ」

竹山の心は折れていたという。

「そうは言ってもやな……」

「終《しま》いなんじゃ。もうこれで」

ネタ合わせもままならず、出番がやってくる。

「次は、カンニングです！　はりきってどうぞ〜」

という呼び込みに合わせて舞台に出る二人。センターマイクスタンドに揃うやいなや、マイクを掴んだ竹山が叫んだ。

「おい、お前ら、こんな連中のお笑いおもろいと思っとるんか？　もう皆、才能ない。才能ない奴らのお笑い見て笑ってるお前らもどうしようもない！　おい、そこのお前。そう、お前。もう立て！」

やめてあげて、という指名された女の子の友だちの言葉に対しても、

「うるせぇ！　もうキャーキャー言ってろ！　こんなとこでね、お笑いやってたって、全然金になりません。はい。もうどうしようもない。見てる奴もやってる奴も。だからね、俺はもう言いたいことだけを言うことにした」

「言いたいことってなんや。そんなこと言ったって、お客さんも見に来てくれてるんやから」

中島が割って入ってきた。

「もうね、はっきり言っときます。俺はもう借金が多すぎてどうにもなりません」

「どうにもならないって、借金こさえたのはお前やろうが」

「なんだよ、他人事みたいに。お前だって借金すごいだろうが」

「いや、まあ、そうだけど」

「今日だってね、借金取りに追われて、逃げてそのまま舞台に来てるんです！　だからもう終わりなんです……」

――来た。これだ！

二人のやり取りを聞いて、劇場で僕一人だけがゲラゲラ笑っていた。その声は舞台にいる二人にも届いていたらしい。

観客の皆さんはあっけにとられたようで、笑いらしい笑いは起こっていなかったが、ソデに引っ込んできた二人に駆け寄ると、

「タケ、ナカ、お前らこれで行けるぞ！」

と興奮気味に伝えたのだった。

舞台の上で本気でキレたからこそ、道が開けた。といっても、まだお客さんはついてきていない。だから僕は、そこからさらに彼らを追い込んだ。

「おう、そんなんじゃキレ方が足りんぞ。もう舞台降りてってお客さん殴るくらいでいかんと」

「もう、埒が明かないからマイクもぶつけてしまえ」

俺が全部責任取るからそこまで行け、と。——もちろん比喩である……。

しかし、彼らは真面目なので、本当にマイクをぶつけてしまっていた……。今時だったら大問題である（もちろん当時でも問題なのだが）。

「……タケ、マイクは本当にぶつけたらあかん」

「いや、でもリッキーさんぶつけろって言ったじゃないすか」

「そうやけど、比喩や」

というようなくだりを経て、キレ芸の「キレ」の部分は磨かれていった。

キレ芸の完成は二人の力で

キレ芸のキレの部分というのは要は「緊張感」に充当する。結果、彼らのネタ（とそれを見ている人）の中で緊張感がどんどんと高まっていった。しかし、それだけでは笑いは起こらない。どこかでそれが弾ける必要があった。

ある日の舞台。

いつものように、竹山がキレまくって、あらゆる方面に対して愚痴と怒りを投げかけ、中島がそれを受けていた。が、言葉のチョイスだったのか、言われたくなかったことだったのか、竹山からかけられた言葉に対して、中島が逆にキレた。

「なんや、お前、偉っそうに。さっきから聞いてりゃ。おまえらどうしようもないって何やかや言うとったが、えぇ？　コラ！　どうしようもないのはおまえじゃ！　ええかげんにせぇよ、こんバカが！」

そもそも、本当にキレやすいのは中島である。それを知っている竹山は、あ、ヤバイと思ったのか、ちょっと言い過ぎちゃったね、という感じで客席を見てニコっとした。

――と、それを見ていた観客たちの中から、少し、笑いが起こった。

緊張の緩和だった。怒っている、強面のキレ芸人を演じている竹山の中にある可愛らしさが、緊張感のピークでふっと現れる。幸朗師匠の「堪忍、ごめんちゃい」につながるチャーミングさ。そこで、ようやくお客さんが笑えるようになった。これは笑ってもいいものです、安心して見てても良いものです、というメッセージが伝わった瞬間だった。「あいつ、またキレるぞ」というのが「フリ」となり、観客の楽しみに変わった。

そこでついにカンニングの芸、そして今に至るキレ芸が完成したのだった。

そこからは見違えるほど客席から笑いが起きるようになった。ターニングポイントを越えた瞬間だった。

それから幾年が経った。竹山は大事な相方である中島を失うという大きなショックを抱えながらも、二人で作り上げた「カンニング」の名前を外さず活動を続けている。

竹山がピン芸人としても、サンミュージックの看板を背負えるようになった背景には、とんねるずの二人との出会い、それから放送作家である鈴木おさむとの出会いが大きかったようだ。

この一〇年ぐらいは、竹山は自身の芸のみならず、お笑い班の現場におけるプロデュース能力が飛躍的に伸びていると思う。誰と誰を組み合わせるか、何と何を掛け合わせるか、そのあたりの読み方が抜群である。福岡吉本に始まり、紆余曲折、さまざまな事務所を渡り歩いてきたことが今になって活きてきているのかもしれない。

竹山のことをほめてばかりのようだが、彼には愛があるのだ。

借金をしても後輩にはおごるというタイプ。

人を愛し、人からも愛される、実にあたたかい芸人なのである。

6　進撃のお笑い班――なぜ、一発屋が次々誕生するのか

時代に適合するお笑いとは

サンミュージックはお笑いの「一発屋製造工場」だ、と言われることがある。

僕らとしては「一発ギャグを考えろ」と強く方向付けをしたわけではなかった。

ただ、サンミュージックお笑い班ができて以降、世の中の志向や生活スタイルが大きく変化していて、その中で、ヒットするものに共通なものがあるとしたら、それは何か、ということをぶっちゃちゃあとも相談していた。

たとえば、歌がヒットする流れも、昔なら有線でかかっていた、音楽番組で流れた、レコード大賞を獲った、などの要素が大きかったと思うが、カラオケボックスができてから、「カラオケで歌いやすい」ということが加わってきたと思う。そう考えると、これまで以上にお笑いが仲間内の会話などでも言いやすい、使いやすいという方向に変化していくのではないか。

そこで出た一つの結論が「一発で覚えられるフレーズ」があると強い、ということだった。それはネタの切り替えに行うジングルのようなものでも、それこそ一発ギャグでも、なんでもよい。もちろん、先にも少し紹介したが、昔からヒットするお笑いには必ず、皆が使いやすい一発ギャグが備わっていたわけだが……。

その視点は間違っていなかったように思う。というのは、落語をまるまる一本見せる、あるいは練り込んだお笑いのネタをフル尺で見せるスタイルのテレビ番組は徐々に減っていき、替わりにたくさんの芸人が短いネタをわかりやすく見せる、ということに特化した番組がいくつもできてきた。

『エンタの神様』（二〇〇三年〜）、『笑いの金メダル』（二〇〇四〜二〇〇七年）と続き、ネタの持ち時間がなんと一分前後という『爆笑レッドカーペット』（二〇〇七〜二〇一四年）にまで至った。

とはいえ、最初からその傾向についてもろ手を挙げて賛同していたわけではなかった。僕らとしては、『エンタの神様』が出てきたとき、その作り方には否定的だった。

漫才はすべてコントに置き換えさせられ、ネタのトークも字幕スーパーで入る。丁寧に丁寧を塗り重ねた作りになっていた。僕からしたら、演出家がそれぞれの芸人たちがもっていた元々の芸をかなりテレビ的に歪めてしまっているように見えた。

そんなわけで、「なんだよ」と思っていたのだが、後で演出家の方の「三歳から八〇歳までがテレビを見て受け入れてくれる芸が必要で、そう考えると『これが面白い！』ということがしっかり伝わるようにする必要がある。だからこの芸についてはこういう加工をする、という感覚でやっていた」という話を聞いて、なるほど、と少し考えを改めた。

というのは、その場で「そんなの関係ねぇ」も「ヒロシです」も「ルネッサーンス」も、僕らサンミュージックお笑い班のメンバーのネタが拡散していったからである。「一発で覚えられるフレーズ」を準備していたことが、予想以上の効果を挙げていた。

サンミュージックお笑い班が「一発屋製造工場」として確立したのは、ネタ尺が短くなる時代と相まって、僕らの芸がクローズアップされたことが大きいと思う。運命のリズムとラッキーなことにたまたま合致した。

ただ、他の事務所などを見たとき、それほどフックやジングルにこだわってネタを作っているところはあまりないと思う（アンガールズがいた！）ので、サンミュージックお笑い班の特色が出ているといえるかもしれない。

その特色というのは、現役の芸人である僕らブッチャーブラザーズがお笑い班のプロデューサーだということ。僕らのショーパブ時代の経験からしても、舞台に出ていくならつかみがあるとないとで大違いだと感じていたこと。

たとえば、他の事務所だと、「教える／演出する側」（構成作家・演出家・マネージャー）と「教わる／やる側」（芸人・演者）にくっきり分かれているところが多い。そうなると、

「ゲッツ！」

「……なにそれ。で、そこからどうなるの？　どこが面白いの？」

「……（そう言われても）……」

「ないなら、ダメだね。はい、次」

となるだろう。しかし、サンミュージックでは、見ている僕らも芸人なので、

「じゃ、行きます。そんなの関係ねぇ！　そんなの関係ねぇ！　……こんなんじゃダメすかね」

「いや、いいよ。なんかいいじゃん。もっとやってみて」

「え、そうすか？　こんなのもあるんですけど……ハイ、おっぱっぴー♪」

「なにそれ？　面白いわ〜！」

となる。

あくまでこれは例だが、こうした感じでチャレンジし続けること、芸人が何かにチャレンジしていることを許容する余地があった。その代わり、面白さを追求するあまり、「ゲッツ！」のみで三時間半稽古をすることもあったりするのだが……。

マネージャーたちに対しても、

「細かいアドバイスは必要ない。そういうのは僕らがやる。だから笑えるか、笑えないか。

面白いか、面白くないかだけ、教えて欲しい。芸人の側だけでやってもらうと偏ってしまうから、そこを皆にも見て欲しいんだ」

と初期の頃から伝えていた。お笑い班が活気づいてくると、サンミュージックの他部署の連中も、

「あのさ、あいつのネタのあそこは、こうしたほうがいいと思うんだよね」

と僕らに言ってくるようになったが、

「なるほど、そうだね。うん、ありがとう……（相手がいなくなってから）おい、あんなん聞かんでええからな」

と一切受け流していた。


面白さに必要なものは何かと考えてみたとき、この人にウケて、あの人にはウケない、でもこの人にウケているからいい、ということではなく、皆にある程度ウケないとならない、と思っている。わかってくれる人だけわかってくれればいい、というような考え方ではなく、といって、お客さんに迎合するのでもなく、「自分たちがやりたいことを等身大で伝える」ということ。

それができるかどうかが芸人の力だと思う。何をやっているのかを伝えられないことには、面白いかどうかもわからない。

面白さの構造そのものというのは、かなりシンプルで、たとえば九割の人間が笑うであろうシーンは、

「ものすごく緊張感のある場面で、ブッて屁をこく」

というものであろう。こかれた屁が臭かったら、次には怒るのだが……。

もう一つ。お葬式の時に皆が畳に正座している。それなりに人数が多いので、お焼香の順番を待たなくてはならない。しかし自分の足も痺れてくる。次は親戚のおじさんの番だ、見ると、おじさん、立ったはよいが、一歩踏み出すとふらふら、二歩踏み出すとよろよろ、三歩目で限界とお焼香の台への到着が同時になり、安心したのもあってか、そのままバターンと台に突っ込んでしまった！　うわっ大変だ、というのと緊張が破れたのとで、皆が爆笑。

これが桂枝雀さんがおっしゃってた「緊張の緩和理論」である。が、そう難しいことを言わなくても、子ども向けのギャグマンガはこうした緊張の緩和のオンパレード。僕らもよく知っていて、体感していることだ。

大事なのは、そこに至るまでの過程で、自分たちがやろうとしていることが「伝わっているか」ということなのだ。もし伝わっていなかったら、伝わるように表現する努力が必要になる。

その時に、有無を言わさず伝わるのが「一発で覚えられるフレーズ」なのかもしれない。小学生でも真似したくなるもの。面白いか、面白くないか、の前に「何をやっているか／誰

がやっているか」はそれによってしっかり伝わるのである。

「一発屋」というジャンルの芸人たち

鳥居みゆきが『R－1グランプリ』で大ブレイクする前夜。ちょうどその頃はライブがあると数日前に僕がマンツーマンでネタを見る、最終チェックをするという流れがあった。狭い控室や通路の片隅などで行っていたのだ。その時、鳥居のネタのなかに、

「まさこの！　単独！　妄想夢芝居！　趣味は！　駆け込み乗車！　ま・さ・こ！

特技は！　乗り越し精算！　ま・さ・こ！　松戸！　柏！　我・孫・子！

ウォッカ、ジンジャー、モ・ス・コ、それヒットエンドラーン、ヒットエンドラーン♪」

という、言いきりのギャグのようなものがあった。本人としては、あまりそういう軽めな、文化的な雰囲気の低いというか、一発ギャグ的なものは嫌だと言っていたが、ネタの前後がかなりシュールであったり、また笑いの構造としてもしっかり構築されていたので、ジングルとして「ヒットエンドラーン♪」は入れたほうがいいという話をした。

最初は嫌がっていたが、騙されたと思ってやってみて、と説得して（？）続けてもらったところ、カンニング竹山の番組に出て「ヒットエンドラーン♪」をやったのが見事にはまり、ブレイクへと驀進することになった。彼女のキャラクターもウケたと思うが、きちんとネ

タが構築されていることが、キャラウケにとどまらずファンを獲得できた大きな要因だったと思う。

カンニング竹山の場合はキレ芸があったので、特に「一発で覚えられるフレーズ」は作らなかった。認知されることができれば、それでよいのだ。


「一発屋製造工場」の背景について少し話したが、サンミュージックの芸人たちは一発屋と言われながら、ずっとテレビに出続けている。そうなると、もうただの一発屋ではなく、無印良品が「ノーブランドの良い品」ではなく「無印良品」というブランドになったように、サンミュージックの芸人たちは「一発屋」というジャンルの芸人になった、と言えるかもしれない。

先に坂野が「ゲッツ！」で売れて二〇年という話をした。その間も大きく落ちずに飛行を続け、ときおり浮上しながら活動できているのは、彼の努力もあるが、やはり「一発で覚えられるフレーズ」の力が大きい。

「なんだよ、ダンディ坂野かよ」

と言われながらも、都内のスーパーの屋上だろうが、郊外のアウトレットだろうが、地方の会館だろうが、夏の海のイベントから北国の雪まつり、どこでやっても「ゲッツ！」はウケる。テレビに出られない時期でも、営業で引っ張りだこである。収入面、売上面で貢献してくれるので会社としてもありがたい。

そうこうしているうちに、周期がきて、またテレビに出る。これが強い。たしかに都内の一等地に二軒、家を建てられるわけだ。

一番大事なのは「間」

そんな坂野や、鳥居、髭男爵やヒロシたちを見て、サンミュージックに来たいと言ってくれる芸人や芸人志望の人たちは多くなった。

サンミュージックに入ってお笑いをやるにはいくつか段階がある。まず申し込みをしたらライブ担当のマネージャーが外での評判を調べたり、実際のライブを見て、OKだったらサンミュージックで開催しているレギュラーライブのお試しコーナーに出演できる。これが毎月二組ほど。

そこでウケたり、三か月くらい連続で出演できるようになった段階で、ぶっちゃあとマネージャーがその芸人を呼んで、小部屋でネタ見せを行う。彼らのGOが出たら、僕が見て、OKを出したら、まずは預かりというかたちでサンミュージック所属となる。

皆が面白いと言っていても、僕が見てダメだったら、三か月ウケていてもだめ。中には、うーん、もう少しライブ出してあげてみて、もう一回というケースとまったくダメというケースがあるけれど、いずれにしても最後は僕のセレクト次第という風になっている。責任は重大だ。

いまどきのお笑いを目指す若い人たちは、相当な研究熱心で、やはりそこそこの水準にはすでに達している。それなりにちゃんとした形にもなっている。だから、見るのはそうした技術的な面より手前の部分にあることが多い。先にも言ったように伝わっているかどうか。ギャグの力があるか、見た目はどうか、パワーはあるか。

そして一番重要なのが、「間」をもっているかどうか。

「間は魔」とも言われるが、それが適切かどうかですべてが変わってきてしまう。

たとえばこっちで打ち合わせをしていて、視界の端にちらちら入る。何してんのやろ。気を遣っているのか、様子を見ているようでなかなか寄ってこない。入ってこい、と手招きするも頭を下げて行ってしまう。なんやねん、と思って打ち合わせに集中していると、

「すみません！　○○と申します！　よろしくお願いいたします！」

って……間が悪い。入って来て欲しかったのはさっきのタイミングだったのに。

ということが、案外とお笑いに通ずるのである。お笑いに限らず、人生の隅々にまで影響しているかもしれない。

このあたりは食事やお酒の席で一緒になると、よくわかる。

後でも出てくる髭男爵の二人とは付き合いが長いのだが、彼らとは本当によく食事を一緒にしている。というのは、彼らは話をちゃんと聞くし、ちゃんと返してくる。話題が料理の

話でも、お酒の話でも、芸の話でも、それから女性の話でも、ずっと話していられる。

一方的にしゃべり過ぎてもダメだし、聞き役に回られ過ぎても、こちらが話し通しでくたびれてしまう。正解のない絶妙な間が求められるところである。

少人数での会話ができないことには、その会話を舞台の上で第三者＝お客さんに見せていくことはできないだろう。そういった意味で、「座持ちする」ということは、売れる芸人にとっては重要な要素なのかもしれない。

サンミュージック所属の芸人に限らないし、またそうでないケースもあるが、僕が一緒にご飯を食べに行きたいなと思った相手は売れていると思う。

先述したように、カンニング竹山も非常に座持ちがよい芸人の一人である。

演者（出役）だけがお笑いではない

芸人として、チャレンジして、お笑いの世界に飛び込んできても、芽が出ない人たちもたくさんいる。それは、能力が低かったり、努力が足りなかったわけではなく、運・不運もあるが、率直に向き・不向きがあるのだ。

たとえば、事務所の垣根なくお笑いライブを開催していると、毎月来てくれていて、面白いんだけどそこまでウケないコンビがいる。

「……なんで、ウケないんですかね」

「いや、僕はけっこう面白いと思うけどな。ネタ、誰が書いてんの？」

「自分です」

「そうなんか。誰か他の人らにやらせてみたことある？」

やんわりとであるが、演者としては向いていない、と告げているのだ。

「誰かにネタを読んでもらって、やってもらって、それを見たり聞いたりしたら、どこが面白いのかよくわかるようになると思うよ」

ネタはいいけど、あいつがやるとアカン、ということはよくあることだ。僕らでもある。ネタとして、本としては面白いけど、別の人がやったらもっと面白くなるのにな、というケースだ。

また、そういう人はとても熱心で、毎月のようにマメに顔を出して、ネタを見せに来てくれる。面白いことを常に考えているし、彼らが捉えている「面白さ」は他の人にも共有できるものである。しかし、間が悪かったり、声が悪かったり、基本的に芝居を演じるのが向いていなかったり、と感じることが多い。

そういう場合、作家に転じることを勧めている。

ちなみに、このいまの話の例に出てきた男は演者を諦めて、物書きとして僕の右腕になってもらい、現在サンミュージックの企画開発部の部長を務めるようになっている。

そうした方向性の転換を僕が示唆した芸人たちは、他の事務所含めて何人もいて、「あのときにブッチャーブラザーズさんに、もう作家に向いてんじゃねって言われて、思い切って出るほう辞めてよかったです」と言ってくれている。彼らは皆売れっ子の物書きになった。

それぞれ個人の人生なので、無責任なことは言えないが、自分がネタや芸を見てきた経験や感覚で気づいていることは、きちんと伝えてあげることが、先輩としての責任なのかなと思っている。

必ずしも演者として舞台に立つだけが、お笑いの人生ではないのだ。

同様に、雰囲気があって面白いのに、ネタがつまらない人もいる。ただ、平場のしゃべりや楽屋での振る舞いは面白い。立ち姿が絵になる。間をわかっている。でもネタが……という場合は、ネタを考えるのを止めて、作家や他のネタが作れる人間と組むことを勧めている。

両方というのはなかなか難しい所かもしれない。

カズレーザー、彼についての裏話は後でゆっくりしたいと思うが、彼もかなりキワキワの路線だと思う。あの顔つき、服装で、インテリなので、「なんや、こいつ。いけ好かないやっちゃな」と思われたら、お茶の間から嫌われてしまう可能性もあった。しかし、常識の範囲をあまりにも飛び越えていて、かつ、そうはいってもなんとなく憎めないおとぼけ感もあるので、瞬く間に受け入れられるようになった。

僕ら中小のお笑い事務所は抱えられる芸人にも限界があるし、その中での成長を目指して細かいことを突き詰めてやっていかないといけない。対して吉本の場合、何がすごいかというと、所属芸人（タレント含む）が六〇〇〇人、コンビが一〇〇〇組。その中で養成所を出たら何年間も毎日のように花月などの舞台に出続ける。トップは桂文枝師匠から新人は高卒の一〇代のルーキーまで。それらが延々と切磋琢磨し続けていくのである。

五年、一〇年とやっていけば、自然と自分たちがウケないと気がついて去っていく。生でウケるのが嬉しいのと同様、生ですべる、すべり続けるのは本当につらいことだ。ふるいに掛けようとして掛けているわけではないかもしれないが、結果的に自然と、本当に面白い人だけがヒエラルキーの上層に残っていく。

さて、次にサンミュージックで喜怒哀楽を共にした（と僕は思っているのだが……）、芸人たちを紹介していきたいと思う。紙幅の都合で、全員を紹介できないのが残念だが、その点はご了承いただきたい。

サンミュージック、芸人列伝1

スギちゃん

「ワイルドだろぉ？」で一躍売れたスギちゃんだが、その前にやっていたアイドルスギちゃんも面白かった。田原俊彦の「抱きしめてTONIGHT」イントロに合わせて出てきて、衣装はアイドル風。ひとしきりちゃんと踊って、ちょっとした漫談をやってから「～を忘れた」っていってソデに引っ込む。これを三～四回くりかえす。だから最後はフラフラになる。ちゃんとしたネタを展開するわけじゃないんだけど、それがけっこう面白かった。

コンビの頃は「メカドッグ」という名前で、浅井企画にいた。その頃から僕らのお笑いライブに出てくれていたのだが、芸名も杉山英司という本名で、スギちゃんのおとなしい部分だけで構築されたちょっと変わったコントや漫才コントをやっていたのだが、うわっていうほどウケてはいなかった。

それで一人になってから、二〇一一年の四月にサンミュージックに所属となった。こちらにきてから話していると、

「いや、実はワイルドネタがあるんですよ」

「なにそれ？」

見ると手にはキャップのないペットボトルを持っている。

「買ってすぐ、キャップを捨ててやったぜ。ワイルドだろぉ」

「……それ、面白いんじゃないの⁉」

ということで、たまたま『ダウンタウンのガキの使いやあらへんで！』のオーディションに行ったら一発合格。二〇一二年、年明け早々の山‐1グランプリに登場。それを見た各局

の制作陣が「これだ！」と目にとめ、三月の『R‐1ぐらんぷり』で準優勝。

その後は皆さんもご存じの通りであると思うが、やはり「一発で覚えられるフレーズ」に使いまわしの利くネタの構造、そしてスギちゃんのキャラが重なって、いまだに面白い芸人になっていると思う。

小島よしお

彼は早稲田大学在学中に「WAGE」というコントグループに所属していた。その頃の一時期アミューズに所属していたこともあったが、二〇〇六年に解散。その前後で、WAGEにいた一人がちょっと面白いことを始めた、とマネージャーが話していた。

彼は大学のお笑いサークルにいたということもあって、交友関係が広かった。彼の仲間に「さくらんぼブービー」というサンミュージック所属のちょっと変わった芸人がいて、僕らとも仲が良かった。それもあって、話を聞く感じだとそんなんでウケるのかわからないけど、じゃあ一度見てみるか、とライブを見に行った。そこにいたのはWAGEのアフロの一番若い芸人だった。

ネタは……面白かった。

短い尺のテレビではブレイクポイントの「そんなの関係ねぇ」しか映されないことが多いが、そこに入るまでにきちんと一人コントが構成されていた。時間は二〜三分。そのコント

の中で起こる、なんてことないきっかけで、たとえば、

「何だ、おまえ、そんなことばかりしゃべりやがってよ。本当にもう、おまえ、やめろよ、そのカモメ返しはよ。だからカモメ返しやめろって言ってるだろ！　うん？　……オウム返し？　下手こいた」

「おまえは何だ。もう、おまえはちょっと調子に乗って！　カッパになってんのか。カッパだ、カッパ！　え？　……天狗だった」

など、ちょっとした言い間違いからおなじみのＳＥ（効果音）が鳴り、「そんなの関係ねぇ」に入っていく。絶妙だった。

ネタの構造にしろキャラにしろ、その時点で確立されていた。

違いがあるとすれば、その頃は、いきなり海パンで出てくるのではなく、洋服を着て出てきて、脱いで海パン一丁になってからの「そんなの関係ねぇ」だったくらいだろうか。ドラフトで言えば、一位指名間違いなし、という逸材だった。

とはいえ、それが本当に広くウケていくか、その時点では当然わからないわけだけど、一人できちんと一人コントの形式を作っていて、音楽やアートワークについてもさくらんぼブービーと相談したり、仲間と作り込んでいた。そんなクリエイティブな感性がありつつ、やっているのは海パン一丁でひたすら動き回る、ある種の肉体芸。そのギャップが良かった。

「笑われ方」をわかっていると感じた。

それでさっそくサンミュージックに来てもらうと、二〇〇七年に即大ブレイク。その後の大活躍は皆さまのほうがご存じだろう。

あそこまでのブレイクをすれば当然だと思うが、一時人気が落ちて、テレビなどでも「洋服を着るようになった」などといじられるようになったが、またYouTubeの子ども向け番組などでも人気をつかんでいくようになった。それもやはり「伝わる」芸だからだろう。小島じゃない芸人が「野菜摂らないとダメだよ！ ゴボウは体にいいんだよ」なんて言っても、おそらく話が入って行かないだろうが、小島が海パンでそう言ったら、「なんだ、あれ。変な格好して真面目なこと言ってる」と笑いながらも話を聞くようになる。不思議なことだが、妙に説得力があるのだ。

クリエイティブなのに、やっていることは実に営業的で、イベントでも一番ウケる。

それは、わかりやすい＝見ている側にちゃんと伝わるということを考えているからだろう。たとえば、談志師匠による落語をきっちり見るときは、こちらもぴしっとかなり身構えることになるが、坂野や小島の芸はリラックスして見られる。格好からしてふざけているので、「おもしれぇやつだな」というある種の優越感をこちらが感じた状態で芸を見られるからだ。

そのどちらが優れているか、という話ではなく、大事なのはきちんと伝わるかであって、結局は名人芸というのも客席に伝わっているから名人芸になっているわけだ。

そういえば、小島は一時、「コジマリオネット」というシステムを考え出し、二体のコジマ人形（海パンスタイル）と一緒に舞台に立っていたことがあった。CMなどで見たことがある人もいるかもしれない。それを考え付いた理由は一人だと寂しいから、とのこと。会社にきたら、事務所で小島が人形を作っていたので、「なにしてんの?」と驚いて声をかけた。「単純に、三人が一緒になにかを同じようにやっているとばかばかしいですよね。面白いじゃないですか、三倍くらい」

三倍。たしかにそうだが……。このあたりが小島らしいなと思うのだ。

TAIGA

彼はオスカープロモーション時代からビタミン寄席にネタ見せにずっと来てくれていた。が、なかなかウケず、大変だった。ただ、芸質は面白かった。その後、それが特に発展・発達したという印象もないのだが……ある程度、ロックンロール芸という形ができていた。オスカーにいてうまくいかなくて、サンミュージックは芸人に優しい、という評判をどこかで聞き付けて、やって来た。

彼は、よくも悪くもとにかく生真面目。生真面目過ぎる。

ルックスも男前、お笑いとしても『R－1ぐらんぷり』のファイナリストにもなっている。

それなのに、ライブなどでほんの少しすべっただけで「いや、すべってないよ、俺は」と言いつつ、仲間から「いや、すべっとるやないですか！」と突っ込まれると、それでかなり落ち込むタイプなのだ。

以前、僕が講師として大学に教えに行っていた時に、ゲストでTAIGAと飛石連休というコンビに来てもらった。学生に自主ライブの制作をしてもらっていたこともあって、彼らにもネタを披露してもらうことに。この時はすべってもいないし、なんならそこそこウケていたが、本人は首をひねっている。その様子を見た飛石連休が打ち上げの席で、

「ねえ、もうリッキーさん！　TAIGAがすべったから、こいつのせいでライブ台無しですよね！」

とふざけて突っ込んだら、だんだん表情が暗くなり、

「俺のせいで……。大学の皆にも悪いことしちゃった……」

と落ち込んでいる。まったく台無しになっていないし、飛石連休もわざといじっているだけなのだ。TAIGAも「んなことないだろ！　あそこでドッカンドッカン行ってたやないかい」とかなんとでも返せばよいのだが、それを全部受けてしまう。

人間がとても優しくて、本当にいいやつなのだ。彼が怒ったところを僕は見たことがない。が、それだけだとやはり芸の世界ではもう一つ上に行けない。感情的すぎても問題があると思うが（芸の前に人間として……）、彼の場合は、もっと感情を出して、能動的に自分の作ったネタ以外の場面で切り込んでいく、ということが必要な気がする。

ロケでもなんでもとりあえず、ウケようがウケまいが、ずかずか踏み込んでいくというか。レイザーラモンHGを見習ってもよいと思う。彼もルックスは良い。そして、同様にそれほど気の利いたことも言わない……。でも、突っ込んでいく。

オスカー時代は所属芸人たちの兄貴分的な存在で、その流れでいろいろな芸人たちをサンミュージックにも紹介してくれている。オードリーの二人を始め、彼を慕う芸人は数多い。そして、芸も面白い。それだけにもう一皮、二皮むけてほしいので、ついこちらも真面目なダメ出しになってしまった。

彼には伸びしろがあるし、まだまだやらなきゃならないことがたくさんある。

仕事が入らなかったからといって、あんなにたくさんウーバーイーツの配達をしている場合ではないのだ。

Yes!アキト

サンミュージックがほこる、ギャグマシーンである。しかも連発マシーンなのだが、その一つひとつがきちんと面白い。「ダブルパチンコ」なんて、意味がわからないのだが、ついついやってしまう。ぶっちゃあを見ると、彼もやっている。彼のギャグは芸人もやりたくなるなにかが込められているのだ。ギャグの使いやすさもある。そして、大喜利をやらせてもちゃんとこなせる。

しかし……ブレイクまではもう少し距離がある。

坂野と比べるともしかしたらその「もう少し」がわかりやすいかもしれない。たとえば坂野は一つひとつのネタの中に見ているこちらが入り込める隙間がある。突っ込みどころというほどではないが、「おいおい、どうした?」と言える間があるというか。坂野の場合、ネタがウケていてもウケていなくても、「どう?」と言っている中に不安さが垣間見え、観客側に「どうもこうも。こいつはアカンで(笑)」という優越感が生まれる。

アキトの場合は、見ている側とアキトのネタとの間に「距離がない」。ゼロ距離。ギャグが詰めて詰めて押し寄せてくるので、目の前にアキトのネタがある感じになる。面白いんだけど、少し息苦しい。彼の場合、ネタのブリッジで、

「イェース!」

と言ったときに、観客が、「おまえ、それウケてないよ」って言ったら、

「いや、ウケてるでしょ!? なに?」

って怒りそうなオーラがある。それが彼の芸風なのだけど、もう少し間が欲しいところである。

鬼越トマホークがYouTubeの番組で彼のことを、

「(会うと)緊張しちゃう」

「目メチャクチャ怖い」

「怖いのがすんげぇ小食なんだよ」

「全然食わないから」

「ギャガーでちょっと小太りで、めっちゃ飯食いそうなのに、普通に博多ラーメンでお替わりしてなかったから」

「(チャーシュー丼を頼んだけど食べられなくて)、スープの下に米隠してた。死体と一緒。やり方が」

　という感じで語っていたそうだ。たしかに鬼越の二人はアキトのことをよく見ていると思う。逆にそこにはヒントが詰まっていて、そうしたアキト自身の人間性というか、破れたところ、隙みたいなものを見せていけると、何かが変わってくるような気がする。

『R-1グランプリ』でも二年連続ファイナリスト。しかし、くじ運がない。いま話しているようなアキトのネタの特性からして、トップは最も相性が悪い。満を持した二度目の決勝でトップを引いてしまう。最初からみっちり詰まったギャグのオンパレードを見せられても、期待感と興奮でいっぱいになっている、でもまだ笑いのモードになっていない観客の中にはなかなか浸透していかない。後で録画したものを見てみると、ちゃんと面白かったが、票は伸びていかなかった。

　アキトに限らずだが、お笑いの中でとても重要だと考えていることに「会話」がある。会話には二つの方向性があって、ひとつはコンビ同士の会話。もうひとつは、舞台の上と観客席の間の会話。

　自分たちの最初の舞台の時に、てんやわんや師匠たちが凄いと感じたことの一つに、客席を巻き込んで笑いを生み出しているということがあった。当時の僕らは到底そのレベルにはなく、何もできずにしょげてソデに引っ込んだわけだが、やはり舞台と客席の間の垣根や壁をどうやって取り去るかということはとても大事なことなのだ。

　ギャグ連発で押し込めていると、聞いている側は休む間がなく疲れてしまう。しかし、一方的にしゃべっているように見えて、聞いている側としてはちゃんと会話が成立している場合もある。その違いはなんだろうか。おそらく、ほんのちょっとでも「ああ、なるほど」と一息つける余地がある、ということのような気がする。「なるほど」の後に「え、まだしゃべるんかい⁉」というケースも多いかもしれないが。

　とまれ、会話が成立しないとものが伝わらない。ナイツが『M-1グランプリ』で四分間にボケを詰め込めるだけ詰め込んでも爆笑できたのは、観客側が突っ込める間が用意されていた、つまりお客さんと会話をするために来てますよ、ということが明確だったからだろう。

　坂野は間が悪い（間延びしている）ようにみえて、その中に、

「どうですか、お客さん？」

「面白くねえよ」

「いやいや、そんなことないですよ。面白いですよ。笑ってやってくださいよ」

と坂野がどんどん下がっていく形で見えない会話が成立している。

アキトにもその「いま、どうかな？　みんな見てくれてる？　楽しんでる？」という会話の間が必要なのだろう。

個人的にも、サンミュージックお笑い班としても、ぶっちゃあも、彼のことは面白いと思っている。ぜひ、起爆剤としてさらに活躍してほしい。

ヒロシ

彼はもう出会ったときからあの芸をやっていた。

最初は福岡吉本にいて、コンビやトリオの時代もあり、いくつかの事務所を経由して、ピン芸人となったのだが、なかなか芽が出ることがなかったようだ。

それで、ビタミン寄席に初めて出たときに、もうあのスタイルになっていた。彼に対してはほとんどアドバイスをした記憶がない。

彼にはこだわりがあって、ご存じのように横を向いて、客席を見ないでしゃべる。それは良かったのだが、あまりにも声が小さかったので、僕からは「大きな声を出す必要はないけど、静かであっても通る声にした方が台詞が聞こえるよ」と言ったくらいである。

ぶっちゃあは、

「いまのままでもよいと思うけど、よりお客さんに伝わるようにするには、最後だけ、伏し目がちだったところから、パッと客席を見るみたいなことがあると、お客さんも『おっ』て思うから、そういうパワーを出してもいいんじゃないかな」

と言っていた。それで、

「いままでこの形で誰も売り出さなかったの？」

「……はい」

「それじゃ、サンミュージックに来る？」

「はい、お願いします」

ということで、サンミュージックに所属することになった。それから間もなくテレビにも出て大ブレイクするわけだが、彼の芸においてそれまでと何か特別に大きな変化があったわけではなかった。逆に言うと、前だってウケていてもよかったはずだ。

しかし、それはあくまで「いま」の感覚で、二〇年前の当時は「……それってどこが面白いの？」という扱いになってしまっていたのかもしれない。アリかナシかの基準がもっと保守的だったのは間違いない。

先に少し紹介した、小島と一緒にアイディアを練っている、さくらんぼブービーも、僕らが最初に見たときから面白かったのだが、

「あれ、なんで今までライブとかで有名にならなかったの」

「いや、ネタ見せ行っても、なんか世界が分からんとか、わけ分からんとか言われてて」

と言う。たしかに、世界観が独特ではあったが、

「いや、めちゃくちゃ面白い。明日にでも出してあげたいぐらいだよ」

と話したら、「そんなこと言われたの初めてです」と喜んでくれて、その後サンミュージックに所属することになった。

マネージメント側から見た面白さと、芸人側から見た面白さはやはり少し違いがある。特にまだ判断がつかない（この先どのくらい面白くなるのか）芸の場合、そこを見極めるのは芸人の方が得意だと思う。

ヒロシに話が戻るが、彼が受け入れられて、テレビにもバンバン出演できるようになったのは（急に忙しくなったことで彼にも負担がかかった面はあるが……）、彼の芸を信じ、僕らのもとに連れてきてくれて、そこからあちこち仕事を展開した、スタッフやマネージャーのおかげだろう。彼らの力は欠かせない。支えてくれる人に出会えるのもまた、芸人の運なのである。

狩野英孝

彼はサンミュージックの芸人ではない。しかし、僕が個人的に「取り逃がして残念だった」といまでも思っている芸人なので、少しエピソードを紹介しておこうと思う。

狩野くんは、毎月ビタミン寄席にネタ見せに来てくれていた。

僕らも見に行っていて、最初に見たときから「絶対にいける」と思っていた。しゃべっていても格好つけているくせに、何だか不思議な変な感じがある。バカなのかな、と思わせるなかに、ナルシストな空気が漂っている。実家は神社で、弓道も得意。いろいろとエピソードも豊富そうだ。

見た目もよいし、スターになるオーラが感じられた。

しかも、すでに「ラーメン、つけ麺、僕イケメン」のキラーフレーズも用意されていた。それだけ惚れ込んでいて、なぜサンミュージックに来なかったのか、というと、ぶっちゃあには、

「全然、面白くねぇな」

とはまらなかったからである。というのも、狩野くんもホスト風。ちょうど同じころにサンミュージックに来たのが、先のヒロシだった。彼もホスト風。で、ぶっちゃあは、

「ヒロシがいい、ヒロシがいい」

とぞっこんだった。狩野くんどうかな、という僕の問いかけにも、

「いや、あいつはちょっとどうだろうね」

とつれない返事。ホスト風は一人でよいだろう。それで、狩野くんに声をかけるのを断念した。もちろん今から振り返ってみれば、ヒロシも狩野くんも売れに売れたので、二人の判断のどちらが間違っていた、ということもないのだが。

売れた後に会ったとき、

「いや、実はあのとき、狩野くんがすごい好きで、俺、サンミュージックに来てほしかったんだ」

と話したこともあった。彼は、

「ええ、リッキーさん、本当ですか？　いや、うれしいっす！」

と応えてくれた。会話もきちんとできる好青年なのだ。

振り返ってみても、本当に大きな魚だったと思う。

ちなみに、狩野くんは小島とずっと「やっぱり消えたくない二人」というトークライブを開催している。一見、関係性があるようには見えないが、仲良しなのだ。

売れるピン芸人とは

ピン芸人、特にコンビやトリオからピン芸人になる芸人は、どこかコンビ間のコミュニケーションの取り方がうまくない、と相対的に言えると思う。その中から売れる芸人として出てくる人は、ピンになってから「会話」の方法をちゃんとつかむことができている。

舞台の上の会話は二つの方向性を持っている。その二つがきちんと組み合わさっていると、「会話が成立している＝伝わる芸」になる。方向性のうち一つは、芸人間の会話で、もう一つが芸とお客さんの間の会話である。

コンビやトリオの場合、その二〜三人の間の会話を観客に見てもらう関係性でネタが成り立っている。そのネタの中にお客さんが入り込んできてくれると、お客さんとの会話が成立する。

舞台の上の芸人間の距離は等間隔だが、お客さんとは一番遠くでテレビの向こう側、一番近くで客席の最前列、というように一様ではない。そのすべてのお客さんとどう会話するか、と考えることが非常に重要なこととなる。何を見せていくべきなのか。

やることはシンプルなのだが、誰がボケで誰がツッコミなのか、はっきりさせるということが基本になるだろう。

ボケは、お客さん皆が「あるかよ、そんなこと」って思うようなことを話す。ツッコミは、そのお客さんの「あるかよ、そんなこと」を代弁して、口に出しながら、会話を展開させる。ボケはそれを受けて、さらにもっとありえないような方向に会話を転がしていく。

お客さんはそれらを見ながら、自分もツッコんだり、ボケに笑ったりしながら、「会話」に参加していく。参加できる割合が多ければ多いほど、とても満足度が高いネタに仕上がってくる。応用として、ボケ役があえてツッコんだり、ツッコミがボケたり、ということもあるが、それで会話を成立させるのはかなり高度なテクニックを要するものだ。

ピン芸人としてやっていくには、こうしたズレていく会話の中にお客さんが入り込んでくる感覚を一人で表現して見せていかなくてはならない。

たとえば、アキトに再登場してもらって、彼が漫才をやったらどうなるかを想像してみると、

「どーもー、yes! アキトです！　英！　数！　国！　やったぁ！　午前で帰れる時間割～！　イエ～ス！」

「なあ」

「もうおめでたいので、こうなったらファンファーレ鳴らしておきましょう。パッパラッパパッパパッパパッパパッパラッパパパラパ～♪　ホットドッグ食ったあとビッグマックぎゅっぎゅぎゅー」

「ちょい」

「ラー油まぶして餃子人間～。ラー油まぶして餃子人間～。ラー油まぶして餃子人間～。イエ～ス！」

「おいて、おいおい。置いてかれてんで、俺。一緒の舞台いるのに」

ちらっと見てから、アキト、

「(ボディビルダーっぽい動きをしつつ) マッチョ生け花教室。イエース！」

「イエース！ちゃう！　全然ボディビルダーちゃうし。ちょ待てて！　俺まだ自己紹介もしてないねん」

またちらと見て、アキトはギャグに戻ろうとするが、相方に肩をつかんで止められて、

「ギャグええから。俺の話聞けや。自己紹介。させてな、な」

「うんうん」

「なんや、急に聞き分けよくなってからに。素直ならええねん。俺かて無理やりギャグ止めたいわけやあらへん。お前のギャグで俺らメシ食ってんだから。見せなしゃーない。ただ、ちょっと、自己紹介させてほしいだけやねん。はい、皆さん、はじめ……」

「え、始めてもいいんですか？　だーるーまーさんがこーろんだー♪　だ！　ダーブルパチンコ！　イエース！」

「ってコラー！　俺にも話をさせろー!!」

というように、二人でいれば会話が転がる感じが生まれてくる。このツッコミの部分の間がほしいところなのだ。でも今は一人で盛り盛りにギャグを重ねているから、会話としての転がりが弱い。

一人で稽古していると、なかなか自分のネタに必要な会話の掛け合いの妙が把握しづらいこともあって、やはり売れているピン芸人は、感覚を共有してもらえる構成作家や、他の芸人にブレーンになってもらっていることが多いように思う。

小島におけるさくらんぼブービー、スギちゃんにおけるゲッターズ飯田、ヒロシにおけるいつもここから、など彼らには誰かが傍にいてくれた。

そう考えると、ブレーンを持っていないのはダンディ坂野くらいかもしれない。まぁ、彼の場合は怖い師匠が二人、いつも控えているのだが。

サンミュージック、芸人列伝2

髭男爵

さて、列伝に戻ろう。

彼らは入ってきたとき「髭」でも「男爵」でもなかった。あえていうなら、「バイトの好青年」というのがふさわしい印象だった。

山田（山田ルイ53世）は痩せていたし、ひぐち君はワインのことなど何も知らなかった。

もともとは三人組で、元いた一人とひぐち君が大学のお笑いサークルの仲間、その彼と山田がNSCの同期という関係で結成したのだが、結成後わずか一年ほどで方向性の違いから彼は脱退してしまったという。「髭男爵」の名前も彼が付けたそうだ。

当時、お台場のデックス東京ビーチの往来に面したあたりに知り合いのスタジオがあり、週一～月一くらいの頻度で、ゲリラライブをやっていたことがあった。突発的に漫才やコントをやるのである。そこに彼らはよく出演してくれていた。

が、なかなかに苦しんでいた。

ごく普通の、オーソドックスできれいな漫才をやっていて、それなりにウケるが、ネタの途中からの落としが「山田の声がいい」ということだけで、弱かった。当然、ネタの中に「髭男爵」のモチーフはまったく反映されていない。

二人とも頭の回転が速く、普段の会話は面白くて盛り上がるのだが、いざ漫才となると、無理にでも面白いことを言ったり、やったりしなくてはならない、と気負ってしまっていた部分があったのかもしれない。彼らがイメージしている「面白さ」が漫才として相手に伝わっていないように感じていた。

その頃、山田はピンでオーディションに行き、『進ぬ！ 電波少年』に出演した。彼が受かったのは「電波少年的インターポール」という企画だった。これは数名のお笑い芸人を四谷あたりにあるアパート「インターポール荘」に待機させ（もちろんパスポートは事前に取り上げられている）、要請があったら海外に派遣する、というものだった。

待機している芸人たちには「どこで、なにが」起こるのか、一切知らされない。しかも待機中は警察にちなんで、食事がすべてカツ丼だった。ただで食べられると喜ぶのもつかの間、すぐにそれは地獄となった。要請が来た山田はハワイへ向かうが、そこではマリファナの売人が寄ってきて、購入させられそうになるなど過酷さを極めた。その過酷さは、VTRを収めたテープが犯罪の証拠品として現地警察に押収され、放送されなかった部分があるほど。

なんとかそれをやり遂げるも、すぐに次の企画に参加させられることになった。それが

「電波少年的アンコールワットへの道の舗装」。カンボジアのある地点からアンコールワットまでの道の八九キロメートルを舗装する企画だった。東南アジアという環境、また地雷があるかもしれないという恐怖もあり、悶着や喧嘩など含めさまざまな事件が起こったが、見事に舗装を完了し、日本に帰って来た。

帰って来てみると、山田はカツ丼地獄と海外派遣のストレスとで、めちゃくちゃ太っていた。しかし、太っただけで、テレビにかなり出ていたのに人気は出なかった。

僕たちだけではなく、いろいろな人に、

「おまえらは髭でもないし、男爵でもないな。なんで髭男爵なんだ」

と言われていたこともあって、彼らは一つの決断をする。

「髭男爵」になることにしたのである。つまり、お金をかけて衣装を揃えて、ネタも男爵に寄せていく。やってみると大正解だった。面白い。本当に貴族のコスプレをして、貴族の漫才をする。「貴族のお漫才」の誕生である。

大変ではあったと思うが、カツ丼が髭男爵を生み出したといっても過言ではない……かもしれない。

僕らはネタを見てはアリ、ナシを細かく精査した。というのは、貴族が一般庶民を見下ろしながらネタを展開するという構造なので、ある意味では差別的な部分も生まれてしまう。そこだけは気をつけるようにしていた。

「自分たちの笑いのスタイル」をつかむまでは本当に苦しんでいたが、もともとはしっかり漫才ができる二人。一度キャラと方向性が決まったら、ネタがどんどん組み上がっていった。「ルネッサーンス！」に始まり、「〜やないかーい」で乾杯、「ノンノンノンノン、ひぐち君ノンノンノンノン」で話をうながし、「事情が変わった！」で場面転換、締めの台詞にひぐち君の肩を飛ばして「ボンジュール！」。完璧だった。「お父さんの工場がどうなってもよいのかい？」のキラーフレーズも生まれた。いずれの台詞の間も絶妙だった。

庶民から始まったひぐち君は、その後執事に昇格（降格？）し、「ひぐちカッター」のギャグも生まれた。

二〇〇六年の『M-1グランプリ』で準決勝に進出、翌年の『爆笑レッドカーペット』の出演から大ブレイクとなった。

ブレイクまで時間がかかったが、成功できたのは二人ともきちんと考え、真面目に取り組むことができたからこそだろう。ちなみに、ひぐち君は女性にもマメである。

かもめんたる

彼らは二人の特質がまったく違っている。その役になりきろうとすれば、とことんそこに入り込める槙尾と、まず自分が面白いかをじっくり考え、納得してから、役に入るう大。う大はどちらかというと物書き脳だといえるだろう。宮沢章夫さんが存命のうちに知り合って、いろいろ教わることができたら、影響も受けつつそれを越えていくということができたかもしれない。そう考えると二人が出会えなかったことがとても残念である。

演者として一流の槙尾と作家として一流のう大。彼らこそ「間」がよい芸人である。だからこそ、コントではあるが「芝居」としても見ることのできる世界が構築されている。うーん、きっとこいつは底意地の悪いやつだな、あ、こいつは何も考えていないかもしれない、というような人間性が、ネタに出てくる役からしっかり漂ってくる。彼ら二人の中にそうした部分が実際にあるのかもしれないが……。

僕らのライブの時に、う大には一本ネタを書いてもらっている。すると、僕らそれぞれに合わせて、それぞれが演じると面白いということがちゃんとわかっている配役がなされた台本が上がってくる。どういう振りをして、どういう台詞を返し、どういう反応をすると、どう見えるかまで、ちゃんと計算されている。

面白いのが、お笑いマニアでもある僕の娘がライブを見に来てくれたとき、必ず、「う大くんが書いたコントは、〇本目のネタでしょ」

ってすぐわかるということ。そのくらい特徴がある。

彼らもWAGEで活動していて、小島がサンミュージックに来た後に来てくれたのだが、完成形というより、伸びしろの大きさ、懐の深さのようなものを感じた。

そこから振り返ってみて、ルールも縛りもない大学サークルの中で、WAGEというのは個々の能力だけでやっていたのだなと感じる。そのままのノリでお笑いの世界に飛び込んできたけれども、その個々の能力の高さに比例するように方向性もあまりにも違うので、さすがにまとまらず、パンクしてしまったのだろう。

WAGEとしては元はアミューズに所属していて、いまだに残っているのは脚本家になっている森ハヤシくんのみ。森くん以外の四人はサンミュージックに縁があって、回文の歌を作って独特のネタを展開していた手賀沼ジュン（二〇二二年芸人を引退した）も一時期は一緒だった。

さて、ラ大だが、最近では人前で芸人のネタをチェックして、ダメ出しをするというキャラが確立してきたように思う。

本人が本当にそう思っているのかどうかわからないが、彼が言うことにはやはり説得力がある。その方向性を保った延長で万人に受け入れられ、タレントとして大きくなったのが、バカリズムだと思う。

ドラマの脚本も書けるし、映像作品などの監督もできる。バカリズムもラ大も僕から見たらどっちも人を殺してきたように見える（殺してない）。そのくらい、なにか人間の深い所を見ているように感じるのだ。バカリズムは福岡のヤンキーだったから、もしかしたら本当にやっている可能性もある（ない）。

かもめんたるは最初「劇団イワサキマキオ」というコンビ名で活動していた。シンプルに二人の名前をつなげたもので、その名の通り、バカウケしなくても、ずっと見ていられるコントを作っていた。

マネージャーからの指摘でコンビ名を変えることにした彼らは、二〇一〇年に、知り合いのコピーライターに考えてもらい「かもめんたる」になった。そこには「かものように飄々《ひょうひょう》としながらも、人間のメンタルを深くえぐるようなネタをする」という意味が込められているという。改名後、『キングオブコント』にて二〇一二年に第三位、二〇一三年に優勝と大きく華開いた。

彼らは、意外と落語をやっても面白いのかもしれない、と思うことがある。

落語家さんにアドバイスを受けながら、着物を着てきっちり座って、新作落語をかけたら面白いんじゃないか、と。

槙尾は女装の達人だったり、彼が生み出す独特な世界があるので、大店のごりょん（おかみ）さんの人情噺、あるいは丁稚《でっち》とお嬢さんの道ならぬ恋噺などができそうだ。

う大は……もう落語家だったんじゃないか？　二つ目から真打になったばかりで、まだ髪が伸びていないけど、やたら枕が面白い……というくらいハマっている気がする。

どーよ

もう解散してしまったのだが、いま活躍しているサンミュージック芸人たちの先輩に「どーよ」がいた。ロバート・デ・ニーロの物真似が得意なテルと、ツッコミとネタ作りを担当するケンキからなるコンビだった。二人ともピン芸人として『R－1グランプリ』の準決勝まで進出している。ケンキは渡辺プロダクションに一時期在籍していた。

僕が戻った頃、彼らは他の事務所（K－MAC）にいたが、そこを辞めちょうどフリーだったところに声をかけた。「フリーなら、サンミュージックで本格的にお笑いやるから来ないか？」と言うとすぐに「やりたいです」と答えてくれた。

彼らが来てくれたことで、カンニングや元ナベプロ組が何人かサンミュージックに来てくれることになった。サンミュージックのお笑いの最初の方向付けをしてくれた芸人でもあった。

彼らは解散するまで、コントのレベルも非常に高く面白い、ライブでもウケるという存在だった。会社が用意したものも、彼らが切り開いたものも含め、チャンスが何回もあった。でも……次のステージに上がり売れる芸人にはなれなかった。

タイミング、あるいは人生の巡り合わせということもあるのだろうか。もう少し早く『キングオブコント』があったら、『M－1グランプリ』があったら。ある程度まで行けていたような気がするのだ。『爆笑オンエアバトル』は少し傾向が独特なので、難しかった。『ボキャブラ天国』は終わっていた。彼らにとっては『爆笑レッドカーペット』は短距離走過ぎた。いすに限りがあるなかで、そこに座ることができなかった。どーよだけではなく、サンミュージックには「アウトブレイク」というコンビがいた。彼らは二人ともルックスがよく、お笑いの独特な才能があって、事務所としてもかなり推していた。が、ダメだった。ちょうどネプチューンあたりの先輩になる。

少し早くても理解されない、少し遅いと席が埋まっている。そういう芸人、本当は売れていいはずだった、面白いし、見た目も良いし、底力もある、なのに売れなかった芸人たちというのは何百組と存在するのだ。

事務所としても、サンミュージックお笑い班が黎明期《れいめいき》だったということも、もしかしたらあるかもしれない。いまほどは強くなかった。坂野だけが唯一売れていて、ヒロシに少し火が付きそうなくらい。どーよはその前から推していた。ちょうどその谷間に入ってしまっていたのかもしれない。

他の芸人にも通じる話だが、「芸人は愛がいのち」なのだ。

所属している芸人たちとはある程度の期間がくると、契約その他の見直しの面談をやることにしている。芸人たちは何十組もいるので、二日、あるいは三日かかるときもある。ぶっちゃあと、もう一人のスタッフと一緒にどーよを会議室に呼んで、こう言った。

「最近どうだ?」

「はい、ぼちぼちやらせてもらってます」

「面談だけど、契約を終わらせよう、という話ではないんだ」

「はい」

少し緊張感が漂っている。ピリピリした空気を醸し出しているのは僕の雰囲気と、それを察知しているどーよの二人だった。

「いままでいろいろ思ってアドバイスしてきたけど、一つ厳しいことを言いたいと思う」

「……なんでしょうか」

「君らの芸、面白いんだけど、愛を感じられない」

——二人はじっと黙って動かなかった。

「そういう意味か……。うん、うまいこと言ってると思う」

ぶっちゃあは言った。もう一人のスタッフも、

「そこに愛はあるか、ということ。リッキーさんの基本ですよね」

と続けた。それでもどーよは下を向いてじっとしていた。

彼らの芸をみて、面白くて、当時でも間違いなく関東の芸人の中で三本の指に入るコント師だったし、だからこそ絶対一緒にやろうとサンミュージックに呼んで、何年もたったけど、その部分がどうしても見えなかった。

他の部分のすべてをクリアしていても、やはり愛がないから売れないんだ、と感じたから、それをそのまま伝えたのだ。

ただ、そう伝えられても「はい、わかりました。これからは愛でやっていきます」と言って何かを大きく変えられるか、というとそういうものでもないので、言われた方としても難しいところだと思う。どちらかというと、日々の小さな一つひとつの積み重ね、思いのかけ方の集まりに関わるものだろう。

僕が一緒にご飯に行きたくなるかどうかも、愛があるかどうかに依《よ》っているかもしれない。人は愛したいし、愛されたい。他人への関心をどう持つか。お笑いといえど、その前にある人間としての態度が大きく影響するように思うのだ。

アウトブレイクの場合は、コンビ間での互いへの愛が足りなかったような気がする。

愛が感じられない芸人は、面白くてもそれ以上にはなかなか行けない。

逆に、あれだけいろいろ失敗していても、狩野（英孝）くんには愛があるし、愛されているからずっとテレビでも必要とされてる。出川（哲朗）くんやダチョウ倶楽部も、彼らの芸については好き嫌いが激しくわかれるところもあるが、芸人としては愛し、愛されている。

芸人の前に、人として愛すべき人であるかどうか、がとても大切なことなのだ。

たとえば美術品を考えると、もう少しわかりやすいかもしれない。

完成度の高い美術品を前にすると「すごいな」と思う。一方で、その美術品は「すごいでしょ」と言っているようにも感じる。

しかしそれ以上にずば抜けた、唯一無二の美術品を前にすると「うわー」としか声がでない。曜変天目茶碗を見たときに感じられるオーラ。偶然の賜物でもある逸品は、ちょっと変わった愛の塊といえるかもしれない。圧倒的でありながら、見る者すべてを魅了する何か。それが愛のような気がする。

僕の関係で、一度どーよの本を作ったことがあった。

ケンキについての話が主で、彼の家のことや、お父さんのことについて書かれていた。お父さんがちょっと変わっていて、たまたま持っていた一〇〇万円をこんな機会はないからと、居間に並べて二人で札束に寝転ぶ、とか、秀逸なエピソードがちりばめられていた。読んでちゃんと面白い本だった。

それを見るたび、なんでうまく売れなかったのか、売ってあげられなかったのか、という無念さと申し訳なさがやってくるのだ。いまだに心残りである。

メイプル超合金

カズレーザーとの出会いは……印象的だった。

サンミュージックお笑い班「GET」で立ち上げた養成所「TOKYO☆笑BIZ」入所の面談をずっと行っていた時のこと。会議室で参加者を待っていたら一階の窓口から内線がかかってきた。取ると、何か真っ赤な人が来ているんですけど、ちょっと変なのでいったん外で待ってもらうことにしました、とのこと。窓からのぞいてみると、腰まで髪の毛が伸びて、真っ赤な服装をした背の高い男が立っていた。

「ずっと見てますね。あいつも……面談に来たんですかね」

ちょっと気持ち悪いから追い返しますか、と用があって会議室にやって来たマネージャーが言ったが、

「いや、芸人なんてそんなもんや。変なんばっかり来るんだから、入れてもらって」

と伝えて、先ほどの窓口に連絡をして上がってきてもらった。それで、僕がマンツーマンで面談をすることになった。

見た目のインパクトはあったが、あの飄々とした感じで、

「どうも、お願いします。金子です」

と普通に部屋に入って来て、すっと座った。嫌な感じはまったくなかった。

「どうしたの？　なんでうちを選んだの？」

と聞くと、自分がいろいろ迷っているうちに、他の所は四月で募集が終了していて、サンミュージックは五月以降でも大丈夫だったので、そうするとあまり競争相手がいなくて入りやすいかなと思って、

「それで来ました」

「なるほどね。お笑い芸人やりたいの？　これまで何やってたの？」

と聞くと、学生時代にお笑いをやって、いろいろなコンテストやオーディションにも出た

がうまくいかず、

「銀行が内定していたんですけど、こういう髪でこんな感じなので。就職してもこのままだとダメですか？　って聞いたら、ダメですと。それで銀行行くの辞めました」

「同志社なの？」

「そうです」

後で聞くと、同志社時代は一年後輩で、いまは「さらば青春の光」の東ブクロとコンビを組んでいたそうだ。

「京都銀行か」

「あー、まぁそうですね」

「もったいないな」

と言うと彼も笑った。僕も京都出身、話していても会話が弾んだ。

「なんでそんな格好してんの？」

「漫画の『コブラ』が好きで」

「普段からそうなんだ？」

「はい」

「あれ、出身は埼玉の加須《かぞ》なんだね。ほとんど栃木じゃんな、あそこ」

「そうっすね」

「実家は？」

「イチゴ農園やってます」

「あ〜、それで赤なのね」

「いや、違います。そこは『コブラ』なんです」

やっぱりコブラなんかいっていう、ほとんど漫才のような会話だった。

僕の中では、平気で真っ赤な格好で生活するやつなんて、それだけで面白い。しかも見た目とは違って、話の仕方も受け答えもしっかりしていたので、すんなり、

「明日から来てね」

ということになった。


その頃はお笑い志望の養成所は一〇人前後の少数精鋭。教師陣がさまざまな課題を投げかけるのだが、カズは来てすぐになんでもそつなくこなして、うまくいかなくても、話せばこちらの要求を理解し、

「はい、わかりました。じゃあやってみます」

と課題をこなせるように努力していた。

最初はピン芸人として、彼の独特の世界観を打ち出したネタをやっていた。からだを鍛えるようになって、ムキムキでやりだしたのだが……。面白い、けれど皆も言っていたのが、

「ツッコミがいると成立する芸」

だということ。ピン芸がよく陥りがちな状況だったが、そこから約六年間すべり続けていた。

相方の安藤なつは大柄だった。彼女は小柄な可愛らしい女の子とコンビを組んでいたが、そちらもうまく行かず、芸人を辞めるという話をしていたらしい。僕の所まではその話は上がってきていなかった。

するとカズから「ちょっと話があります」と呼び出された。

「彼女、コンビを別れるそうなんで、ちょっと僕、組んでやりたいです」

と言う。

「面白いかもね。彼女には言ってあるの？」

「いや、これから口説きます」

とのことだった。後で聞くと、実際にはずっとカズからアプローチしていたが、安藤は嫌がっていたそうだ。それで「リッキーさんもやった方がいいって言ってるから、やろうよ」とダメ押し的に誘おうとしたようだった。

というのも、何を隠そう「安藤なつ」という芸名の名づけ親が僕だったからである。

「ビッグコミックオリジナル」で「あんどーなつ」という和菓子屋さんで修業する女の子の物語が連載されていた。原作者の西ゆうじさんが亡くなって完結せずに終わってしまったのだが、その話の主人公の名前が「安藤奈津」だった。

安藤なつは本名が安藤和代。サンミュージックに来る前は、アントニオ小猪木や長州小力などの物まね系の芸人たちでやっていた西口プロレスで、からだが大きいこともあり、女子プロレスラーをやっていた。その時の芸名が、一番アイドルで売れていた優香をもじって、「.（ドット）」を付けて、「優香.」だった。

しかし、これは売れない、愛されない名前だと僕は感じていた。

彼女たちコンビが下北沢の劇場で漫才をやっているのを舞台のソデで見ていて、戻ってきたとき、「芸名を変えよう」と提案した。

漫画のことが頭にあった僕は、

「あんドーナツもって、にっこり笑ったら、似合いそうや。安藤なつ、どう？」

「安藤なつ……いいですね！」

ということで、その場で芸名が決まった。いまやそれがちゃんと浸透して、なっちゃんと呼ばれるほど親しまれるようになった。

そんなこともあったので、カズは僕をうまく引っ張り出して、安藤を口説き落とそうとしたのだ。そして、それはうまくいった。

コンビとなった二人は、インパクト大の見た目そのままに力業で押し切っていく漫才を構築した。「ジークジオン！」から入ったネタは、カズレーザーが常に笑顔で不穏な空気を生み出し、自由奔放かつ暴走するボケに対して、どっしりかまえた安藤が激しく突っ込むという掛け合いで成立していた。

二〇一五年、結成三年目の時に『M－1グランプリ』の決勝に初めて進出。トップバッターとなり、惜しくも結果は七位となったが、残したインパクトが大きく、翌年からテレビ出演が激増。売れっ子になった。

ぺこぱ

彼らはサンミュージックに来て一〇か月たたない内に売れてしまった。

というのは、ある時にTAIGAがやってきて、

「前に所属していたオスカープロモーションのお笑い部門が解散することになり、芸人たちのほとんどが退所してフリーになるそうなんです」

と言った。そのタイミングで、

「彼らはどうでしょうか？」

と紹介してくれたのが、ぺこぱの二人だった。

「じゃあ、まずはうちのライブに出てもらおう」

という流れになり、実際に何回かライブに出てもらい、僕らも見ることになった。その時点ではまだちょっと芸風を模索中という感じで、松陰寺が着物を着てローラースケートを履

いていた。でも二人とも見た目がきれいで、清潔感があった。メークを落とした松陰寺はものすごく端整な顔立ちだった。

彼らについては大きなアドバイス、決定的な方向性を示唆する、ということはなかった。もうほとんど完成していたのだ。ただ、細かいことは指摘した。

「シュウペイ、客席ばっかり見てないで、タイミング計って松蔭寺のほうも見よう」とか、松陰寺が着物を着ていたのに対して、

「着物は着物でおもろいけど、スーツのほうがいいんじゃないの？」と伝えていた。彼は紫にこだわりがあったが、それについても「きれいだからいいんじゃない」としか言わなかった。

ネタについては完全に仕上がっている、よりちょい前ではあったが、見た目と雰囲気で全部が伝わってくる。おじさんたちがゲラゲラ笑う漫才ではなかったが、どの層を笑わせるかというポイントも、彼らのイメージとしてはいまどきの若い子を中心にハマりそうだったので、それで間違っていなかった。

ある時、彼らが絶対にツッコまない漫才をやった。それを初めて見たときに「これでいけるな」と確信した。「悪くないだろう」「時を戻そう」は、サンミュージックのお笑い理論「一発で覚えられるフレーズ」にも合致していた。

だから、彼らにはアドバイスというよりは、

「自分たちが好きなことを、のびのびとやってほしい」

と話していた。

芸というのはそれが斬新であればあるほど、絶対にどこかで縮こまったり、身内以外の誰かの言うことを気にしたり、ちゃんとまとめようとしてしまうところがある。だから、ちょっと格好つけて言うようだけど、僕がいけると思った芸人については、

「テレビ局でもどこでも怒られたら僕が謝りに行くから、なんでもやれ！」

といつも伝えているのだ。他の芸人主催のライブだろうが、テレビだろうが、ラジオだろうが、自分たちこそが面白いと自信をもってバンバン出てほしい。僕が面白いと思っているんだから、と。

ブレイクのきっかけになったのが二〇一九年一月の『ぐるナイ おもしろ荘』で優勝したことだった。松陰寺はまだ着物を着ていた。その年の五月にオスカープロモーションを退所、六月にサンミュージックにやって来て、結成一一年目にして初の決勝進出を決めた一二月の『M－1グランプリ』で大ブレイク。一〇組中の最終組として登場。彼らを見たことがなかったお茶の間の度肝を抜き、まくりにまくって最終決戦に残った。

彼らが『ぐるナイ おもしろ荘』からさらにネタの構成をブラッシュアップしたことも功を奏したと思う。スーツに着替えて、ローラースケートを履くのをやめた。それが正解だった。衣装で色をつけると見た目に最初は目が行くが、動きが生まれ過ぎる。観客の意識が分

散してしまい、ネタそのものに集中できないということがあった。奇をてらう感じにするとしたら、よほどボディがしっかりした内容を持ってこないと出オチで終わってしまう。見た目を抑えたことによって、松陰寺が展開するフレーズが観客に入るようになった。その瞬間に大ブレイクがやってきた。

彼らにしてみたら、オスカーで一〇年近く模索していて、ライブに出てもダメだ、この先の展開が読めない、もう芸人なんて辞めようか……というシーンが何回かあったかもしれない。でも長年芸人として生活し、成功した人も辞めていった人も見てきたものとして、一言だけ絶対に芸人として成功する方法を伝えるなら、それは、

「成功するまで辞めるな」

ということだ。あまりにも多くの芸人が成功する前で諦めてしまっているように感じている。もちろん、先には出役として諦めて、作家の道に行った方が良いケースについても話したが、絶対に出役としてやりたいのであれば、諦めてはいけない。

「もうちょっと辛抱したら……」と言われて、「そのもうちょっとって、いつまでなんだよ」と思うことも多々あるだろう。しかし、あるのである。ほんとうに「もうちょっとの辛抱」が。ヒロシにしろ、スギちゃんにしろ、その「もうちょっと」をクリアできたので売れる道が拓けた。

ブレイク前夜、松陰寺が三〇代半ば、シュウペイが三〇歳になるくらいだろうか。まだまだ我慢のしどころである。坂野も一〇年近く、ネプチューンですら八年近く売れるまでには時間がかかっている。「もうちょっとの辛抱」をしている間に何をしているか、その間の縁をどう結んでいくか、そういったことも大事になるのではないだろうか。

そういえば、松陰寺はカズレーザーと二人でYouTube番組をやっている。しゃべりたいことをしゃべる内容なのだが、これが面白い。頭脳派の二人が何をどうとらえているのかがよくわかる。興味のある方はぜひ見て欲しい。

あ、それから大事なことを一つ。TAIGAは芸人のスカウト能力が著しく高い。ただの優秀なウーバーイーツの配達員と思ったら大間違いだ。皆さん、お忘れなく。

7　現役お笑い芸人、経営者になる

「お笑いで稼ぐ」が定着するまで

サンミュージックに戻り、お笑い班ができるのと前後して、頻繁に会議をすることになった。というのも、僕らにはこれまでに蓄積したお笑いに関するノウハウがあったが、僕らだけがそれを理解していても「点」でしかなく、会社としての動き＝「面」の展開につなげるのは難しいことがわかっていた。そこで、当時は副社長だった相澤やお笑い班所属になったマネージャー、それから営業部と二週間に一度会議を開いてもらうことになったのだ。

お笑いとはどういうもので、どうやって売っていくのか。芸人の育成はどうするか。お笑いにおけるマネージャーの仕事、営業の仕事とは何か。それらを徹底的に話して、理解してもらうことにした。僕らが期待したのは、頭でわかっている状態ではなく、その原則にのっとって自ら行動できるようになってもらうことだった。だから当初は会議というより、洗脳に近いものだったかもしれない。

先の章でも述べたが、音楽レーベルではなくタレント／歌手の事務所が稼ぐには、コンサートあるいは興行を打つということになっていた。松田聖子が年に何本も、北海道から沖縄までコンサートを開催するとそれだけで何億という数字が挙がる。だから、「ライブで儲ける」、いや、「儲かるライブをやる」という発想が染みついていたのだ。

お笑いのライブはどこでやるか、というと、小劇場から、小さなライブハウス、はては路上であっても開催が可能だった。というのは目的が全然違っていたからだ。しかし、多くの社員にその違いを理解してもらうまでには本当に時間がかかった。

お笑いライブって興行なの？ 違います。

こんなん、五〇〇円しか入場料取らなくて、採算合わないじゃん？ だから興行じゃないので。

じゃあ何のためにやるの？ 芸人を舞台に立たせて、ネタを切磋琢磨するんです。

ギャラ出せないけど大丈夫なの？ 電車賃くらいは出します。会社が主催する自社ライブは、ギャラなんか当然ないんですよ……というやり取りをくりかえした。

その代わりに、営業部の人にはそのライブにお笑い番組の担当者や営業イベント会社の人をどんどん連れてきてほしい。そこでサンミュージックのお笑い芸人を見てもらって、仕事につなげていく。

どのくらいお金がかかるの？ 場所代＋αくらいで、五～一〇万円くらいですかね。

司会だの演出だの舞台の設営だの、客席の準備だの、いろいろお金かかるでしょう？　全部芸人がやります。だから、それ以上かからないです。

そう言っても営業部の面々は腑に落ちない顔をしている。自分たちの懐が痛むわけでもないのに、納得ができないようだ。

というのも、これまでの感覚だと、歌手は歌うだけ、役者は演じるだけ。自分たちはマネージメントをするだけ。つまり一緒になってクリエイティブな部分から立ち上げていくということが一切なかったのだ。

芸人はネタを自分で書いて、舞台も自分で演出する。人がいなければ、

「さあ、トップバッターはブッチャーブラザーズです！」

と自分で言って飛び出していく。司会兼演者だ。もぎりも皆で交代でやる。

「あれ、○○さん今日は？」

「出るよ、このあと○番目だから、よろしくね」

なんて会話をファンとするのも大事なことだ。

ほぼ儲けはないとしても、一人五○○円の入場料で一○○人入れば五万円は戻ってくる。

それでも「あいつらはライブを持ち出しでやるらしい」「え〜？　なにを考えてるんだ？」

という声がしばらくは聞こえてきた。数回何人かでそこらで飲んだら、四、五万すぐに使ってしまうだろうに。

そんなわけで、「これは会社の体質そのものを変えていかないと、先が見えないな」と考えることになった。

笑ってないで売ってこい！

初期の頃は売れている芸人がダンディ坂野しかいなかった。他の芸人についてマネージャーが資料をもって売り込みにいってもなかなか難しい。だからとにかくライブの本数を増やして、そこに来てもらって実際に見てもらうことが必要な段階だった。

じゃあ誰に来てもらうか、というと、ほとんどコネクションのない状態だったので、バラエティー番組や深夜番組のクレジットを見て、プロデューサーの名前をメモして、そこに突撃していた。裏方も奮闘していた。

僕はというと、そんなに予算をつけるのが嫌なら、路上でもやったるで！と坂野と数人の若手を連れて吉祥寺駅のロータリーに行き、マイクを立てて、路上ライブを開催したりしていた。そこに会社の関係者も来てくれたり、そうやっていると、徐々に少数の理解者が生まれるようになってきた。お笑いは売れたら派手に見えるが、売れるまでは地味だけどコツコツ拾っていくことが本当に大事なのだ。

坂野が爆発したことで、いろんな状況が変わってきた。営業部は芸人の営業も歌手の営業も総じて扱う。僕らが説明を続けたこともあって、お笑いの売り込み方を理解してくれる人も出てきた。それからはスピードが速かった。「外での営業で仕事作れるよ」という声がかかり、歌手とセットでの営業に坂野＋二、三人無名の若手の芸人も付けられるようになった。おかげで食えない芸人たちにも安いがギャラが入るようになった。

飛び込みを続けた結果、外部とのコネクションを構築し始めていたマネージャーたちにも坂野への出演依頼が届くようになった。坂野のスケジュールを押さえる代わりに、こちらの若手も一緒に出してもらえませんか、という交渉ができるようになって、結果的に次に売れる芸人を育てるサイクルが少しずつ生まれてきた。

しかし、変化したのは良いことだけではない。

坂野の売れ方をみて、いままでお笑い班に否定的だった人間が手のひら返しをするようにこちらにすり寄ってくるようになった。彼らが外を回れば、自分が担当している歌手やタレントではなく、当然「ダンディさん、出してもらえないですかね」という話になる。先方としては同じサンミュージックなんだから、話を通せるだろうと思っている。それで、彼らは、

「いやさ〜ダンディにいい仕事あるんだけどさ、どうかな？　おすすめだと思うよ」

と言って自分の仕事につなごうとするのだが、坂野のスケジュールはぱんぱんだ。無理である。彼らの点数稼ぎのために大事な芸人を預けるわけにはいかない。会議の中では、

「坂野とかヒロシとか、売れてる芸人の名前で仕事取らんで、自分の育てたタレント売ってこいよ！」

と発言していた。

最初の頃はマネージャーたちに対しても檄を飛ばす意味で、

「おい、おまえら一緒に一から芸を作って来て、ライブ見ても笑えるよな。あいつら、おもろいよな。営業部のやつらはちゃんと営業入れてくれるようになったのに、なんでおまえらはテレビの仕事取ってこないんだ？　せっかく工場で作った品物を倉庫に入れっぱなしの会社なんてあるかい！　売ってこいや！」

と言っていた。

それは本当にそう思っていた、ということもあるし、お笑い的なツッコミもあって、わざときつめの関西弁で発言していたのだが、いま育っているマネージャー陣に当時のことを聞くと「相当恐かった」ということだ。ボケ・ツッコミの感覚もまだ育っていなかった。

当然、お笑い班にはぴりぴりした空気が漂っていた。

その空気は、のんきな営業部にも飛び火した。

下北沢でライブを開催していたある時。

「今日もたくさん入っていますね」

「あいつら、やっぱりおもろいなー」

とマネージャーと話していると、見に来ていた営業部のお笑い担当が、

「いや、さっきの◯◯は本当におもろいな。いいよね」

と言った。それを聞いて僕はスイッチが入ってしまって、

「おい、おもろいな、いいねやあらへんで。これ、俺らが作ったんよ。おまえの仕事はこれを金に換えることやろ。笑ってないで売ってこい！」

見るとマネージャーもそのお笑い担当も真っ青な顔をしていた。僕としては、

「あ、そうか。俺の仕事はわろてるだけじゃなくて、売る方でしたわ！」

「……よう、わかってるな。そうやがな。はよ行ってこんかい」

「はい、はーい。（若手芸人たちの方を見て）おい、おまえら、忙しくなるぞー」

僕も一言、突っ込んで、

「……いうても、おまえら営業しだいやがな」

「がんばりまっす」

で、会話が成立すると思ったのだが……。現実は難しいものである。

断る仕事から売り込む仕事へ

そんなこんながあったが、皆の考え方、取り組み方の方向性が定まって、一生懸命ライブを支えてくれるようになってきた。そして彼らの協力により、少しずつサンミュージックのお笑いが形になってきた。

この間、京都に出張で戻った時、たまたま近くのホテルに泊まっていたこともあり、散歩

がてら霊山《りょうぜん》観音横の幕末維新ミュージアム（霊山歴史館）に出かけてみた。当然、中学校区域なので良く知ったところであるが、子どもの時はただの遊び場でも、大人になってみるとまた見方が違ってくるものだ。

そこで目に飛び込んできたのが、「五箇条の御誓文」だった。なかでも、印象に残ったのが、

「旧来の陋習《ろうしゅう》を破り天地の公道《こうどう》に基くべし」

つまり、これまでの悪い慣習を止め、考え方を改めて、上も下も関係なく、皆で話して真っ当にやっていこう、ということだ。

僕がこのお笑い班を立ち上げて、サンミュージックという会社でやってきたことはなにか、ということがそこに集約されているような気がした。

人力舎にいたころから、それはうっすらと聞こえてきていた。

「リッキーさん、元はサンミュージックでしたよね。あそこのタレントさんと現場、一緒になったんですけど、マネージャーさんは何もしないで椅子に座ってたんですよ」

逆に、

「ちょっと偉い感じのスーツ着た中年の人が若い歌手にあごで使われてましたよ」

というのもあった。

そうした状態に至った一つの大きな要因として、逆説的になるが、森田健作以降、松田聖

子、桜田淳子、早見優、安達祐実を筆頭に、野村将希、塚本高史などなど、数多くの日本の歴史に残るメガヒットタレント、歌手を擁していた、ということが言えると思う。

　売れっ子を擁するということはどういうことか。会社、マネージメントの主な仕事は「断る仕事」になる。ひっきりなしにかかってくる電話を受けては、断る。仕事を取りに行く、売り込みをするなんてことはまずあり得ない。

　その状況は、言い方は悪いがスターの恩恵にあずかっているだけなのだ。僕らがサンミュージックを一度去った後、戻って来てみると、そうした仕事の仕方だけが会社に染みついてしまっていた。

　同時にもう一つの大きな要因として、いろんなことが重なって、タレントを見出し、育成し、売り込みをしてきた人たち（スターも最初からスターなわけではない。発掘し、育てる人たちが必ずいるのだ）が、重なって会社から去ることになっていた。惜しくも亡くなられてしまった人もいたし、独立していった人もいた。

　だから、「芸能事務所の仕事とはなにか」の基本の基本が抜けてしまっていたのだろうと思う。僕が帰って来て行ったのは、そうした状態の改善・改革、つまりは維新だったのだ。

ある日突然、取締役になる

担う仕事や会議での発言がお笑いにとどまらなくなってきた頃。いまから一二年前、仕事で沖縄に行くことになった。僕の関係で紹介があったミス・インターナショナルに関する仕事だった。いろんな利権のからんだものではあったが、最初の協賛金を担当する代わりに、ミス・インターナショナルで選ばれた人たちと事務所として契約できるという話だった。

もちろん、ミス・インターナショナルという肩書きは大きいが、それだけで生き残れるほど芸能界は甘くない。しかし、そうした肩書きがあるとないとでは、チャンスの数もまった変わってくる。タレントとして育てられるかどうかはその事務所次第、ということになる。

この話を会議にあげたとき、やはり反対の声も多かった。そもそも五万円のお笑いライブの開催に難色を示す体質。二桁近く違う金額を事前に用意するなんて考えられない、という雰囲気だった。

会議は難航した。しかし最終的には現社長の相澤の、

「リッキー、一緒に沖縄に行こう」

という鶴の一声で、進めることに決定した。

ひとしきり会合や打ち合わせが終わって、一段落したホテルのラウンジで相澤が話を切り出した。

「リッキー、お笑い班の功績はもちろんのこと、多々会議で発言してくれている内容や提言、それから弟子を抱えて育成し、それを支えるマネージメントチームも創り上げてくれたこと、感謝している。そこでひとつ相談だ。取締役になってくれないか？」

青天の霹靂だった。まさかここでそんな話になるとは。

「――いや～……」

「取締役は嫌か？」

「そういうわけじゃないんですけど……」

現役の芸人であり、お笑いプロデューサーであるが、取締役となるとまた立場が変わってくる。その時、ふと思い出した。

「そういえば、社長、いま思い出したんですが、付き人時代の最後に……」

森田の付き人を辞めると言い出した頃のことだった。会社からは辞めてどうするんだ？と聞かれたが、僕は映画などの裏方に回って、ぶっちゃあは小さな劇団にでも所属して役者の道を進むと答えていた。

するとその当時の敏腕マネージャー二人に、僕だけが呼び出された。

「この一年半の動きを見ていて思ったのだが、マネージャーとして裏方になる気はないか？　おまえならやれると思うんだ」

森田が当時若いのもあって、「こんなやつダメだ」とどんどん現場の人間がクビになるところ、まったくその気配もない。逆に自ら申し訳ないけど辞めさせて欲しいと言う。そんなことは初めてだ、と。だから、マネージャーとしてやってもらえたらありがたいのだが、という話だった。

「そうか、そんなことがあったのか」

「はい。……お話はわかりました。でも自分の一存では決められません」

「どうしたらいいんだろうか」

まぁ、何か飲みなさいと、相澤は自分が飲まないのに赤ワインを勧めてくれた。それで僕だけ飲み始めた。少し気持ちがほぐれてくると、いろいろ言いたいことが言えるようになった。

「いくつか条件があると思います。一つはブッチャーブラザーズという芸人を辞めないでよい、ということ。それから相棒が快くいいよと言ってくれること。もう一つはご存じの通り、僕には師匠、森田健作がいます。彼も認めてくれること。僕がやるやらないの前に、彼らがどう言うかによって、彼らのOKなしに、そのことについて考えられません」

「そうか、わかる。それはよくわかる。……で、実際どうだろうね。OK出るかな？」

「そればかりは言ってみないと。どうなるかわかりませんね」

「うん。でも、僕としては三顧の礼をもってお願いしている所存だから」

三顧の礼……また難しい言葉が出てきたな……と思いつつ、

「わかりました。まず、連絡してみます」

と答えた。

取締役であっても会社法を知らない人も多いが、僕は自然と学ぶようになっていた。会計についても税理士さんと打ち合わせをすることも多いので、把握していた。そういうこともふまえて相澤は取締役のオファーをしてくれたのだが、なにより大きかったのは売り上げを立てたことだと思う。

会社の命運をお笑い班に賭ける、というと言いすぎかもしれないが、その重要性を認識して応援してくれる人たちもいた。もちろん反対派も依然として多かったのだが。売り上げはその時点がピークではなく、そこからまだまだ伸びしろがある状態で、ちなみにその一二年前に比べると、昨今の売り上げは倍くらいまで伸びている。お笑い班に賭けてくれた人たちにはなんとか報いることができているかな、と思っている。

沖縄から戻って来て、すぐにぶっちゃあにメールをした。

「ちょっと話がある。大事な話なんで明日、明後日あたりで時間ある？」

しょっちゅう会っているので、普段はわざわざ打ち合わせを予定したりしていなかった。しかしいろいろな話を順にする必要もあったし、会って話しておきたかった。

ぶっちゃあから日程の返事が戻ってくる前に、森田に電話しようと思って、どう伝えるか一時間ほど考えていた。そうしていると、ぶっちゃあからメールの返信が。見ると、

「明日の午前中はどう？」

「いいよ、じゃあ一一時に中野のスターバックスで」

「わかった、じゃあ」

メールを終えてしばらくして、よし、森田に電話しよう、と思って携帯に手を伸ばすと、それより先に携帯が鳴った。ぶっちゃあからだった。

「もしもし？　リッキー？　ぶっちゃあだけど。うん、何なのか気になって気になって。明日じゃなくて、今、電話でも話せないの？」

改まっての話が一体何なのか、気になってしまい、もう待てなかった、ということだった。いま時間ある？と聞くと大丈夫だと言う。それじゃあ今から会おうと伝え、落ち合うことになった。喫茶店に入ると、ぶっちゃあはもう先に着いていた。コーヒーを頼んでから、コップの水を一口飲み、

「いや、実は沖縄で……」

取締役の就任を依頼されている、と伝えた。

珍しく押し黙って、静かにしていたぶっちゃあの顔がみるみる明るくなっていった。

「いやー、びっくりした。とんでもない悪い話かと思ってた。うそ、なにそれ、ええ話やん。

会社の偉い人になるんやね。よかったやん！」

とにこにこ笑っている。

「ええことやわ。芸人は辞めないんやろ？」

「もちろん。そんなことになったら話違うやろ。俺は絶対辞めないから」

「いいわ、いいわ。そうなったらそうなったでしゃあない。俺は応援する」

「そうか。ありがとな」

としゃべっているうちに、なんだか話の様子が変わってきた。

「……ということはさ、これでお笑い班にしろ、何にしろ、俺がじじいになっても顧問みたいな感じで会社に残してもらえるよね。いやーよかった。お前のおかげで、もう将来安泰だわ。助かった」

――そういう話なのだろうか？　なんだかちょっと首を傾げるところはあったが、それもぶっちゃあという人の人柄なのである。

ぶっちゃあに会いに行く間に森田にも電話をしていた。うまくつながり、経緯を説明すると、話の途中でもう森田が喜んでいる様子が伝わってくる。

「そうか、でかした！」

一発ＯＫだった。

「これは最高にいいことだ。森田班としてはこの上ない。さあどうするかな。よし、細かいことわかったらまた会ってゆっくり聞かせてくれ。とにかくわかった。俺も○○に連絡していろいろ聞いてみる」

「あ、いや、森田さん、○○さんに連絡するのは待ってください。まだ誰にも言ってない話なんです」

「そうか、わかった。うん、いい話だ。じゃ詳しくはまた」

体中で喜んでくれるのも森田だが、気が早いのも変わらず森田だった。

もう一人の助っ人と、老将の帰還

翌日、すぐに社長に報告し、

「取締役を引き受けさせていただきます」

と伝えた。そしてそのまま、絶対に必要だと考えていた提案をした。

一方、社長も新しい風を社内に呼び込もうとしていた。外部のイベント営業部プロダクションにAという男がいた。歳は僕より二つ下。彼に社外取締役を打診していた。体制としては、僕が大まかに企画と育成と人事を担当、営業をAが担当という割り振りで考えられていた。

外部から実際に社内に来て動くことになると、外様なのにいきなり役員か、と妬む人間もいたし、それなりに辣腕で厳しい意見も言うので衝突もたびたび起こりそうになったが、僕も含めて皆で意見を交換し、時間をかけて関係性を構築することで、営業の基盤を徐々に整えていくことになった。

もうひとつ、僕には喉に小骨が引っかかったように感じていることがあった。

かつて森田健作担当一筋、役者班の統括をしていたIという役員がいたのだが、僕が役員になったとき、なぜか取締役を外れ専任部長としての契約社員になっていて、誰もそれについて触れなくなってしまっていたのだ。

しかし、僕としてはどうしてもIに役員に復帰してもらいたい理由があった。

というのも、僕らブッチャーブラザーズとIの間には浅からぬ縁があったのだ。僕たちが着の身着のまま東京に出てきて、森田の付き人として芸能界の仕事をスタートした時の最初の先輩がIだった。右も左もわからない僕らに芸能界での作法、基本の「き」から始まって、さまざまなことを丁寧に教えてくれた。

それればかりではない。仕事の上だけでなく、東京をよく知らなかった僕らを遊びに連れ出してくれたり、食事に連れて行ってくれたりした。一緒に麻雀を囲んだり、外で飲んでいて遅くなった時には自宅に泊めてもらったことも一度ではない。深酒をした胃袋には用意されていた温かい味噌汁が優しかった。ぶっちゃあともども、非常にお世話になっていた人だったのだ。

Iは不思議な人で、こと芸能の仕事においては予想だにしない「難問」が次から次へと降りかかってくるのだが、それらをものともせず、まずはふんふんとじっくり話を聞いて、それを飲み込み、いつの間にかすべて処理してしまっていた。

また芸能関係者にはそれなりに激しい人間が多いのだが、Iは怒鳴り散らしたりすることがまったくなく、どこかひょうひょうとしていて、それでいて巧みに役者班を率いていた。非常に正義感も強い人物で、そんな様子を側で見ていたので、サンミュージックに再び戻ってきてから、なぜ彼が役員にいないのかと、疑問に思ったのだ。

各方面に聞いて調べてみたところ、とある大きな問題が社内で起こったおり、担当役員の一人だったIだけが「私が責任を取ります」と役職を辞したとのことだった。

先に少し触れた「マネージャーとして裏方に残ってはどうか」と誘ってくれたうちの一人がIだった。そして、自分のことを一番理解してくれている人間だ、と感じてもいた。だから、僕が取締役として仕事をするのであれば、ぜひ彼に役員として戻ってきてもらいたかったのだ。

いろいろ裏をとって、段取りを固めて、社長のところに向かった。

「社長、Iを役員に戻してもらえないでしょうか」

その理由と背景についてひとしきり説明をすると、

「そうなんだよな。実は……」

と当時の会社の構造として、Iを守るのが難しかったということを話してくれた。そして、

「わかった。Iを戻そう」

と決断してくれた。

そのおかげもあって、去った人間もあり、戻って来た人間もいて、上層部の中の空気や方向性は一致してくるようになった。代わりに、その下のチーフクラスの中で成長しているところ、そうでないところがはっきり見えてくるようになった。

そこで、二〇二三年に入ってから、年功序列を一気に飛ばして、僕が見てやれる人間を部長に抜擢した。サンミュージックの社内は常に刺激的な状態になっている。

何のためにそこにいるのか

といっても、サンミュージックは「ファミリー」だ。大手のように「〜部」「〜班」を複数立てて、売り上げを競わせるような殺伐としたことはしていない。悪い部分を減らし、良い部分を増やす。これが基本だ。

経営に携わるようになって感じたのは、表現と同じだということ。すべては、

「伝わるか、伝わらないか」でしかない。即断即決。間違いも起こるが、それが重要だ。シンプルなのだ。

お金を使うやつは、使った分の何倍も持って帰ってくること。

お金を使わないなら、使わないなりに中身はきっちり、よいものを作ること。

自分に能力がなくてできないなら、できる部下を育てること。

いずれも適材適所、役割分担である。

僕が役員ののち副社長になってもダメな部分というのは、なんでも自分でやってしまうことだろう。本来は、誰かにやらせなくては、その人物が育たない。でも面倒くさい。それで自転車が楽だと都内なら自転車でどこでも行ってしまう。副社長がそんなだと、他の社員がタクシーを使えないので止めてくださいと言われるが、これほど楽で、駐輪場に止めても車で動いたときの駐車場代のほんのわずかで済むので、止められない。

経営が難しい、という話はよく聞くし、たしかにそうだなと思う部分もあるが、実際自分がそこにタッチするようになって感じることは、結局は人だ、ということ。経営自体よりも大切なのは人の使い方だと思う。それはあらゆる芸をずっと見てきているということも影響しているだろう。

芸人に限らずあらゆるタレントに言われることとして、

「テレビで使ってもらうには、何を要求されているか、自分が何をするためにそこに呼ばれているか理解していること」

が重要だ、ということがある。経営に関わってみてわかったのは、それは芸人やタレントのみならず、すべての社会人、仕事人に共通している、ということだった。さらに言えば、よくできる人間は、自分のことのみならず、誰が何をなすべきか、まで見えている。

――しかし。

なかにはそうでない人間もいる。年齢や職務歴だけ長くても、「自分が何をするためにそこにいるのか」を理解していないと、困るのは下の人間であり、ひいては会社全体に影響を及ぼす。

けれども、彼らに対し、たとえば会議などで僕がどれだけ厳しい言葉をかけたとしても、そんなことでは人は変わらない。長年染みついてしまった怠慢というのは、言葉が届かないほどの厚い澱になっていることがあるのだ。

目的・目標がしっかりと定まったことで変わった人間が増えてくると、余計に変わっていない人間は目立つものだ。仕事はやっている時より、やっていない時の方が実は目につく。会社という組織を考えるとこれは是正すべき大きな問題である。後から来た若い人たちがそうしたやり方で良しという方向に安易に流れてしまうことがあるからだ。

そんな状況を打破すべく、サンミュージック内では実力があればきちんと昇格できるような体制を取ることにしている。さぼる人間には厳しい目が向けられ、頑張る人間には期待の眼差しが注がれる。それが本来の会社の在り方だと思うのだ。

芸人と経営、その表と裏で

「芸人」という舞台上の出役と、「経営」という裏方中の裏方を現役で往復している人間はあまりいないのではないだろうか。

といっても、僕の芸能人生、出発点から出役を目指していなかったし、その途中でもお笑いライブの自主開催に始まり、何度となく往復を行ってきている。取締役になってから経営を考えるようになったわけではない。

出役と裏方には共通する部分と、そうでない部分がある。これからする話については、その両方にとってなにかヒントになる点があるかもしれない。

芸を売るのが芸人で、マネージャーはそれを支えるもの。と思われるかもしれないが、実はマネージャーが最初に売り込むべきなのは、商品である芸人ではなく、「自分」なのだ。

もちろん最終的に売り込むべきなのは芸人／タレントであるが、自分を売っておいた方がその後が楽なのだ。それはマネージャー業に限らない。「～ができる○○」「～については○○」「○○がいつも～と言っていた」と自分のことを仕事相手に理解してもらえればもらえるほど、「じゃあ今回は○○にお願いしよう」「○○に頼まれたら仕方がない」となり、それが進むと「もう○○じゃなきゃダメだ」となっていく。そこまで行けばもうこちらから売り込みに行く必要はない。勝手に向こうから仕事がやってくる。

売れっ子になればなるほど、細かいことに余計な神経を遣いたくないものなので、「知っている人以外」と仕事をするのがストレスになる。そういう意味でも、自分を売っておく＝知ってもらっておくことはとても重要になるのだ。

出役と裏方は何が違うのか

「あなたは芸人さんみたいね」と言われるセールスマンがいる。立て板に水、商品のことを語らせたら、淀むことなくその魅力を相手に伝えることのできる人間。では、話が上手な人間（芸人）に同じ仕事をさせてみたらどうだろうか。おそらく、少したどたどしくなるに違いない。では、逆にそうしたセールスマンを舞台に上げたら、どっかんどっかん笑いが取れるだろうか。こちらも無理であろう。

究極的には「できる」人間は、それぞれの特性を理解し、どちらもこなすことができるようになると思うが――その特性＝決定的な違いとはなんだろうか。

出役は徹頭徹尾、「自分を売る」。

裏方は「商品を売る」ために、自分を売る。

出役にとっての売るべき商品は「自分」である。だから、最初から最後まで、その商品としての自分を売ることに徹するしかない。

対して裏方が、自分を売っておくのはなぜかというと、「商品＝出役」を売るためである。自分だけを売っておいて、テーブルの上に商品がまったく売れずに並んだままの実演販売士のことを考えてみてほしい。本末転倒である。逆に、自分のことはほどほどであったとしても、テーブルの上から商品がなくなっていたとしたら、それは裏方としては大成功だ。商品を立てられた、ということだから。

裏方がたくさん話せるのは、それが「自分じゃない＝商品について」だからである。自分を売り込んだあと、そこから切り離して商品を売れるのが裏方である。

営業が上手な出役もいるが、彼らの芯にあるのはあくまでも自分を売る、自分を伝えるための営業なのだ。そこが決定的な違いとなる。

誰かのマネージャーをやっていて、「ちょっと面白いからテレビ出てみない？」という誘いで表に出てきた人が何人もいるが、それほど成功しているとは言えないと思う。それは、出役と裏方の違いを理解していないことが多かったからではないだろうか。

いま話した決定的な違いをはっきり理解していたのが、ホリプロの南田裕介くんだった。鉄道大好き、当時鉄道アイドルのマネージャーも担当していた彼は、一流のマネージャーだった。自分を売っているように見えて、出役をしっかりと立てている。画面で見ていると、タレントたちと一緒になって話しているように見えるが、それは「商品を売るために自分を売っている」に過ぎないことを理解している。現場やその他の場面で会うと、必ず出役が前、自分が後ろ。自分のなすべきことがなにかを把握しているのだ。

歌手のマネージャーには、昔から歌手になりたいと思っていて、結果マネージャーの仕事に就いた人や、最初から裏方だけど、歌の勉強をしていて歌がうまい人も多い。ちょっとだけ歌手をやっていた人もいる。

音作りの環境にいるわけで、制作陣との打ち合わせや録音、ライブなどの音楽活動において、歌についてよくわかっていることは大切である。なかにはマネージャーの方が歌がうまい場合もある。

では、その歌うまマネージャーは歌手としてデビューして成功するだろうか。ほとんどの場合がしないと思う。マネージャーの歌がいくらうまくても、観客が集まりファンが付くのは、「その人が歌がうまいから」ということだけではないのだ。「その人の歌じゃなきゃダメ」「その人じゃなきゃダメ」だから、時間とお金を使うのだ。

音程を外さない技術がある、正確なリズム感がある、等々だから歌手なのではなく、歌を「自分のものにしている＝自分とはなにかを理解している」から歌手になれるのだ。

たとえば、カラオケがすごいうまい人がいたとして、その人の歌を聴くために誰もお金を払ってはくれないよね、というのと同じである。仲間内でうまいなと言われ、盛り上がるとしても、じゃあ「あいつ、カラオケうまいから聴きに行こうぜ」とはならない。

出役のほうは簡単で（簡単ということもないけれど）、そもそも「人前に出てなんぼ」から始まっている。人前に出たい、出たいという気持ちが出発点にある。よく「俺の芸はわかってくれる人だけわかってればいい」というものもいるが、あれは嘘である。芸は伝わってはじめて芸になるから。

レッスンの講師としてよく話すのは、「独りよがりの芸は絶対にダメ」ということだ。これはお笑いでも役者でも出役であればなんにでも共通することだが、自分だけがよいと思えるものをやるのであれば、押し入れの中に入って、一人で思い切りやればよいのである。しかし、それでギャラが振り込まれるだろうか？

振り込まれるはずがない。ということは、自分だけがよいと思う芸を突き詰めたところで、所詮はダメなのだ。必ず、「誰か見てくれる人」が必要となる。「誰か見てくれる人」に伝わってはじめて芸となる。それがプロだ。

出役としてのスタートはそこにあるが、ゴールも同じところにある。それを徹底できるかどうかが一流への道となる。

出役としては、

「自分がまずよい芝居をする、自分が面白いと思うことをやる」→「それを相手に伝える」／

伝わる」

というのが「表現する」ということになる。だからたびたび言っているように「伝わらなくてはダメ」なのだ。

裏方としては、

「相手がなにを考えているか／欲しているか理解する」→「商品を相手に伝える／売り込む」

つまり相手の要望・気持ちを把握したうえで、仕事が生まれる。「表現する」必要はない。商品が売れたらよい。

これらは似ているけど違う。違うけど似ている。難しいところだが、この細かさに本質的な部分があり、それを理解できているかどうかが実際において決定的なものになる。というのは、いままでの経験上、きちんと理解できているなと感じられる人がそれほど多くないからである。

出役として、相手（観客）のことを考える、ということはあるが、一つ重要なのは、出役のやることは「相手の気持ちをこちらに向けさせる」ことである。極端な話だが、相手の気持ちがぐらっと変化してしまうのであれば、自分の存在感も含めて、影響を与えることができたら、それでもよいという面がある。

その昔、喜劇役者の藤山寛美《かんび》さんがおっしゃっていたことがある。ドキュメンタリーなど

で寛美さんが指導している稽古風景が流れると、

「わしらは役者や。見てもろうてなんぼやねん。自分だけが『ええな、俺の芝居』と思ってやっていたらあかん。芸能人は『人気商売』というやろう。人気商売は『人の気』と書くやろう。おまえの芝居は『自気商売』や。自分の人力だけでやってる。人の気が集まってない。人気商売やないねん。人気商売の意味をよう考え、あほ」

と。なるほどな、そういうことだな、と思った。自分のところで止めず、伝えていくということ。舞台と客席の間に芸が存在している。


出役、裏方、どちらの立場にしても、自分のこと・相手のことをきちんとわきまえることが重要である。まさに「彼（相手）を知り己を知れば百戦殆《あや》うからず」なのだ。

とはいえ、裏から表へ、表から裏へを続けて、両方のことがわかりすぎるのも……それなりに大変なのだが……。

蓮は泥の中から美しい花を咲かせる

長年、多くの芸人たち、芸能事務所、プロダクションや制作会社、テレビ局などを見ていると、以前に比べて相当に過ごしやすい環境になっているように感じている。それはとても良いことだ。いらぬ苦労や理不尽な扱いがなくなったことは健全なことだと思う。

しかし、である。言い方も含めて非常に難しいところだが、いらぬ苦労や理不尽さにより個人が鍛えられ、その能力が育まれ開花されたことがまったくなかったか、というとそうではないと思うのだ。

あいつの下でやるのは嫌だから、もう自分でやってしまおう。もう怒られるのは我慢ならない、何も言えないくらいの成果を出してやろう。そうやって、もって生まれた能力だけではなく、環境圧によって裂け目ができて、そこから自分でも気がつかなかった芽が出てくる、ということがあるのだ。柔らかく質の良い土壌で、丁寧に面倒を見られた時にだけ、きれいな花が咲くわけではない。泥の中で、あるいはコンクリートの隙間に蒔かれた種が、そこからのし上がるようにして花を咲かせ、実をつけるということもあるのだ。

けれども、社会的にはそうした摩擦を避ける傾向にあると思うし、それが潮流になっていくと思う。

顕著に感じるのは、お笑いをやっていると極度に下ネタが避けられるようになってきたことだ。下ネタの混ぜ込み方が下手だ、というのではなく、単語が出ただけで観客が引いている。「え、これ、こんなこと言って大丈夫なの？」という瞬間的な反応。それだけで笑いの空気感がまったく変わってしまうのだ。

お笑いはギャップがあるからこそ、笑える。

ギャップとはなにか、差別化、異化、極端、ズレ、人と違うから面白さが生まれる。

差別はいけない。人をバカにしてはいけない。人を傷つけてはいけない。それを笑いの種にしてはいけない。それはわかる。それが徹底された社会は良い社会だと思うし、社会としてはその方向を目指すべきだ。しかし、笑いの長い歴史を見ていると、ある種の差別が笑いになってきたことは間違いない事実だ。

たとえば、海外の笑い話には露骨にエロティックなものや差別的なものも多い。特にフランスにおいては艶笑話や、ファブリオと呼ばれるエログロナンセンス取り混ぜた笑い話が中世の頃より広まっていた。その傾向は現代にも通じている。

結婚したての男とその友人の会話。

「新婚旅行はどうだったんだ？　楽しかったかい？」

「そんな話はしたくないね！　もう、散々だったんだ！」

「ん？　させてもらえなかったのか」

「いやいや、逆だよ。素晴らしかったんだ。あまりにも良かったから、つい翌朝、いつもの癖で一〇〇〇フラン札を二枚、枕元に置いてしまったんだ」

「何やってんだ、おまえは……」

「そしたらさ……なんと彼女の奴、寝ぼけまなこでお釣りをくれたんだ！」

また、続けて二つ、こんなものもある。

「Q：金髪娘を月曜日の朝に笑わせるにはどうしたらよい？」

「A：金曜日の夜にジョークを言うこと」

「Q：目の不自由な人がパラシュートで飛行機から飛び降りる。さて、どうやって地面が近くなったことがわかるだろうか」

「A：つないだ犬の鎖がゆるむ」

いずれもかなりのブラックジョークだ。おまけにもう一つだけ。

スペインで盛んな闘牛場のすぐ近くに、ちょっと有名な肉料理屋があった。ここは、闘牛場で亡くなったばかりの牛を仕入れているので、いつも新鮮な肉が食べられると評判だった。

観光ついでに立ち寄った旅人がメニューを見ている。

「いろいろな種類の肉が食べられるのだな。ふむふむ、珍しいものばかりだ。お、これはあまり見たことがないな」

と注文したのが牛の睾丸のシチューだった。少し待ってから旅人の前に出されたのは、大きな睾丸が二つのった熱々のシチュー。

「これはすごい！」

と堪能し、満足してその地を去っていった。

数年後、近くに来ることがあった旅人はあの味を思い出して、また店のドアを開いた。

「牛の睾丸のシチューを」

注文すると、かつてと同じようにしばらく待って、熱々のシチューがやってきた。

「あれ、なんだろう」

様子が変だった。違いは明白。睾丸がかつてより小さくなっていたのだ。

食後、店主に「以前より、睾丸が小さかったような気がするのだが」と問いかけると、

「うちは、牛だけを出してるんじゃありませんので」

と女主人が答えた、という。


日本においても落語には同じ風が吹いており、お色気噺やバレ噺から、「宮戸川」のような残酷な描写があるものも「笑い話」として語られている。昭和の初め頃まで寄席は悪所とも呼ばれた。なんでもありの笑いの空間だった。

そうした笑いにおける「悪」を遠ざける傾向に現代が進んでいくことに対して、かつてNHK芸能局の職員として、多くの演芸番組の制作を担当された滝大作さんは、著書である『笑いの花伝書』の中で、「大人の笑い」を取り戻すことについて熱く語っておられた。

笑いは、ただ楽しいというだけでなく、最悪の悲劇が最高の喜劇となってしまうように、すべてを含んで生み出されるものだと考えている。ある種表現として極端なものになることもあるが、それは単なる差別や嘲笑を行うためではなく、そのような形でしか伝えられないものが「お笑い」そのものに込められていると思うのだ。

笑いの天敵は「同調」

究極的に言えば、お笑いが難しい時代になりつつあると感じている。

「今日は好い天気だね」

「おぉ、そうやね。急いで傘ささな！」

「いや、好い天気いうてるやろ！　ほんまに。ほんで、好い天気やから、山にピクニックでも行こうか？」

「お、それはいいな。よし、家帰って浮き輪膨らましてくる」

「まてまて、それは海や……」

と転がっていくのが普通の漫才である。そこには必ず摩擦が起こり、それを解消しようとするところに生まれるのが笑いである。

「今日は好い天気だね」

「好い天気ですね」

「好い天気だから、ちょっとピクニックでも行こうか」

「はい、そうしましょう」

これではお笑いにならない。同調である。小津安二郎の世界であれば、よいかもしれないが、笑いは起きない。閉じられた美しい世界。

しかし、現在の風潮としては、同調化が進んできていると感じている。どういうことかというと、「あるあるネタ」の流行がそれを表している。皆が共通の価値を求め、皆が「一緒」だよねと「安心」することで笑える。

でも本来はそうではないと思うのだ。自分と「違う」ものを笑う。「違う」ものの中にある「不安」を見つめ、それを破るために笑う。不安定を破綻させることで安定を目指す笑いと、本来ある不安に目をつぶり、安定に住するために確認する笑い。これからのお笑いはどういう方向に進んでいくのだろうか。

吉本に所属している芸人の中にはかなり過激で変質的なネタを作っている芸人がいるように思う。舞台では王様になれるけど、テレビには出られない。そういう芸人たちは軋轢を生むとしても、自分のやりたいことを表現するために、テレビではなくYouTubeやその他、自分たちでの発信を目指していくことになるのだろう。

そうした状況の中で、我らがぺこぱが『M－1グランプリ』決勝で披露した「誰も傷つけない笑い」は一つの光を示していると言えるかもしれない。

変わらない笑い、変わる側

お笑いそのものは大きく変わることはないと思う。

変わるのは「側《がわ》」である。

たとえば、ダウンタウンの松ちゃんがいろいろ新奇的な取り組みをしているのだが、実はあれは現代的に「側」をバージョンアップしているのだ。たとえば、『IPPONグランプリ』は演出された装飾を取っ払って構造だけ取り出すと、要は個人戦が明確になった『笑点』である。

最近、イギリスの『ブリテンズ・ゴット・タレント』で大爆笑を生み出した、とにかく明るい安村にしろ、アメリカの『アメリカズ・ゴット・タレント』で話題をさらった、ゆりやんレトリィバァにしろ、笑いの構造をしっかり理解しているから、海外でもウケる。もちろんキャラもあるが、「変な人が出てきてなんかやってる」中にある異化を笑っているのだ。上手に笑われているともいえる。それは同調の笑いではない。

また彼らは、志村けんさんの「変なおじさん」の現代版、国際版の一つ、ということもできるだろう。構造の中の核を取り出し、自らの表現に合わせてブラッシュアップできたものが残っていく。

よく考えてみたら、落語は「古いけど最新」をよく体現した芸能かもしれない。昨今落語家さんがタレント化していると言われるが、ずっと前から声優としてアメコミ系の吹き替えを担当しているし、一九五五年からの放送で大人気を博したNHK『お笑い三人組』の主演は四代目三遊亭金馬さんと一龍齋貞鳳さんと三代目江戸家猫八さん。彼らが当時の先端のお笑いタレントだった。

またかつては落語家さんが司会をやり、現代ではお笑いタレントが司会を担当している。ということは一番新しいことに関わっている人が常にテレビの司会を任されているということになるだろう。局のアナウンサーだけでなく、司会が必要になる、司会がいたほうが収まりがよいのは、そういうところが理由なのかもしれない。

時代を取り入れる、という話から思い出したのが、またまた藤山寛美さんのエピソードだ。

いまでこそ当たり前のスライスチーズは僕が子どものころにできたものだ。六ピースのチーズはもっと昔からあったが、それ以外だと固いチーズをチーズカッターで切り出して食べていたのだ。いまは逆に塊のチーズがあまりないかもしれない。

それで、雪印がスライスチーズを売り出した時、川崎敬三さんという二枚目スターがいて、彼をパーソナリティとして一九七一年から始まったのが、雪印提供による『川崎敬三の料理ジョッキー』という一五分番組だった。その番組中のCMに雪印スライスチーズが「巻いて巻いて巻いて」という歌とともに紹介されていた。

藤山さんは松竹新喜劇の中でもアドリブを取り入れていて、何かのシーンで寝ているおじいさん役の役者に、

「布団出てはよ起きなあかんで！」

と声をかけるも、おじいさんは

「いま行くがな……」

と返事をしつつもまだ布団の中でもぞもぞ。ダッとやってきた藤山さん、

「あんた遅いから『巻いて巻いて巻いて～♪』」

「……ちょっと、なにをすんの!?」

とおじいさんを中心に布団でくるくる巻いてしまった。

あの喜劇王ですら、最新の話題を笑いに取り込んでいくのだ。

言葉の置き換え、側の置き換え、文脈の転換など、「変わらない笑いの核」と「変えられる要素」を見極め、常にアップデートしていける芸人が時代の最先端を進むことになるだろう。

そういえば、古典的な漫談は少なくなったが、漫談における時事ネタというのは、最新の世の中の情報である。かつて僕らが一緒になったザ・ニュースペーパーもそれを活かしていた。現代、それを仕事にしているのがプチ鹿島だろう。彼はネタに困ることがない。目の前に新聞というネタの海が広がっている。誰もやっていなかったが、毎日新しいことにチャレンジできる。なかなかうまいことをやるものだ。

いまだ「芸人」を目指して

一九八一年にブッチャーブラザーズを結成してから早四二年。

長いようであっという間の芸能生活だった（まだ続くが……）。

僕らが芸人として歩むようになった頃、ここまで「芸人になりたい」という人が増えるとは思わなかった。僕らが若手の頃は僕ら自身が、「なにやってるの？」と聞かれ、「はい、芸人です」とは答えられなかった。というのは寄席に所属していたわけでもなく、毎日舞台に出ていたわけでもなかったからだ。僕らにとっての芸人はそういう人たちのことを指していた。「これがブッチャーブラザーズの芸だ」とはっきり示せるものがない限り、「芸人」と称してはいけないような雰囲気があった。

しかし、そこから時間が経ち、本書で紹介したような、東京のお笑いの裏と表を走り抜けてみると、いまの「お笑い芸人」のスタンダードモデルが僕らなのかもしれない、と考えるようになった。

ほとんど素人でお笑いライブを開催し、自分たちでファンを集めて、芸人も集めて、芸人同士ネタを切磋琢磨して、お笑いのレベルをあげていく。悲しいことも、楽しいことも、辛いことも、喜びも、すべて一緒に抱えながら、いまに至る「東京のお笑い」を形作る一つのピースになっている、という自負がある。

僕らがさまざまな時間を過ごし、経験を重ねていく中で、お笑いを取り巻く環境、そこに触れる人たち、関わる人たちが変わってきたような気がする。

かつては、

「おまえ、そんなことやってたら、漫才師にしてしまうぞ！」

「おい、おまえ、なにをやってるんだ⁉　そんなんなら、芸人みたいなものにしかなれへんぞ！」

と自らが差別される対象であり「はじかれもの」だった芸人は、いまや皆の憧れ、目指すべき職業のひとつにまで昇華してきた。

このことをどうとらえたらよいのか、いまでも困惑するところがあるが、僕自身がいつも念頭においているのは、シンプルに、

「人に伝えていく」

ということ。それを続けるということ。僕らは黙っていてはなにもはじまらない。だから、伝える。

お笑いにしろ、仕事にしろ、一人で生きていてできることではない。他人がいて、彼らと関わるなかで仕事が生まれる。伝えることで価値が生まれる。伝えることで笑いが生まれる。

一人ではなにもできない。

伝えることができる他人がいてくれることに、感謝する。

それがすべての出発点なのではないだろうか。

お笑いが僕に与えてくれたこと、お笑いが僕に伝えてくれたこと、お笑いが僕に教えてくれたこと。そのすべてに感謝して、本書を終えようと思う。

あとがき

ここまで、僕自身の四二年間に及ぶ芸能生活の一端について、恥ずかしながら長々と語ってきた。紙幅の都合、すべてを語ることはできないし、また今となっては秘めておいた方が良いことも多々あった。取り上げたかったが、本書では言及できなかった人々も数多く、申し訳なくも思う。それらのすべてを含めて、改めてこれまでの日々をこの度振り返ってみると、「本当にいろいろなことがあったな」と感慨深い思いである。

さて、サンミュージックという会社には、不思議と「神風」が吹いてきた。

僕がお笑い班を立ち上げて以降、いくつもピンチがやってきた。

二〇〇九年、所属タレントが起こした事件で会社に激震が走り、追い打ちをかけるように、二〇一一年、東日本大震災が日本全体にパニックを引き起こした。もちろん震災の影響で、自粛ムードが高まった状態では歌も演劇もお笑いも、そうした娯楽は二の次となり、社会復興が目指された。必然、会社の経営状態も厳しいものになっていった。

が、神風が吹く。

先にも記したが、移籍してきたばかりのスギちゃんが『R‐1ぐらんぷり』（二〇一一年から三年連続決勝進出）を経て一躍大ブレイク。かもめんたるも『キングオブコント』（二〇一三年に優勝をかざり、こちらも勢いをつけた。

二〇一六年、これまた日本中をお騒がせしてしまった所属タレントが休業となる。CM起用社数ランキングで毎年上位にランクインするほどの人気だったこともあり、会社としては大きな痛みを伴うこととなった。

が、また神風が吹いた。

メイプル超合金が『M‐1グランプリ』（二〇一六年、決勝進出）以降、注目を浴びることとなり、売れっ子の道を歩むことになったのだ。

これ以上、しばらくはそこまで厳しい状況が来ることもないだろう、と思っていたところに直撃した、二〇一九年からのコロナ禍においては、そもそも劇場を開くことができず、人を集めることがすなわち経営につながっている芸能プロダクションにおいては、真に死活問題となった。イベントや舞台ができない状態で、どうやって収入を考えたらよいのだろうか……。

しかし、案ずる間もなくスターが誕生した。

二〇一九年の『M‐1グランプリ』で、ぺこぱが出場一〇組中最終組という難しい出番で登場し、まくりにまくって最終決戦進出。吉本興業以外の芸人として、一一年ぶりの快挙であった。以降、ぺこぱの二人が繰り出す笑いは新しいジャンルを切り開き、お茶の間に笑顔を届けている。

ピンチの後にチャンスあり、とはよく言ったものだが、これほどまでのピンチを盛り返し、イーブンあるいはそれ以上の状況にまで引き上げた、芸人たちの力というのは、本当にものすごく、経営に携わる者の一人としては心からの感謝しかない。

それは芸人にしかできないことか、というとそうではない。サンミュージックでは、これまでも大きなピンチや社会の変化が起こった時、必ずスターが誕生し、会社に新しい息吹を吹き込んでくれていた。

サンミュージックという会社を切り開いた森田筆頭に、その後を野村将希が追いかけ、アイドルブームでは桜田淳子や松田聖子が大活躍し、早見優や酒井法子が続いた。アイドルブームの終焉が見えたころ、安達祐実や塚本高史といった若き俳優たちが数多くのドラマをけん引するようになった。

その後、二〇〇〇年代半ばからは、ダンディ坂野、ヒロシ、小島よしおなどなどのお笑い芸人たちがサンミュージックを支えた。

だから、いまも静かにその準備をしているこれからの「スター」がいるのだ、この会社には。輝きを放つ、その少し前の状態で磨かれている「宝石」たちが。

そして……いまだ現役の芸人である、ブッチャーブラザーズのリッキーとしては、「永遠の若手芸人」としてチャレンジし続ける相棒のぶっちゃあと共に、虎視眈々と「スター」になるための牙を研いでいるところなのだ！


本書を執筆するにあたり、サンミュージックに企画を提案してくださった、晶文社の太田泰弘社長ならびに、実務を担当してくれた編集部の江坂祐輔氏に感謝申し上げます。

また資料検証等にお力添えいただいた小川祥二氏にも深く御礼申し上げます。


僕の人生における最も大きな転機をもたらしたのが、わが師、森田健作との出会いでした。もし師匠に出会うことがなければ、僕はこれほどまでに長く芸能界に関わって過ごすことはなかったでしょう。常に先を歩む、眩しすぎるほど明るい太陽である恩師に、心より感謝申し上げます。

出版の企画を巡って、方向性が定まらなかった時、

「リッキーが書いたら良いよ」

と背中を押してくれた、そして、これまでずっと陰に日向に僕と、僕たちお笑い班に力を注いでくれた、サンミュージックプロダクション代表取締役 相澤正久社長に感謝いたします。

それから、これまで楽しいことも、苦しいことも、辛いことも、悲しいこともあらゆる瞬間にそれらを共有してきた、最高の相棒、ぶっちゃあこと山部薫にもありったけの感謝を送

ります！

さて、ここまで読んでくれた、皆さん、ありがとうございます。

読み終わって、もし面白かったら……もう一冊買ってね。

二〇二三年一一月吉日

著者記す

岡博之（おか・ひろゆき）

ブッチャーブラザーズ：リッキー兼サンミュージックプロダクション社長。1958年、京都府生まれ。1978年、東映京都撮影所付属俳優養成所で後の相方ぶっちゃあと出会う。その後は太秦での斬られ役として大部屋俳優の道に。1979年に森田健作の現場マネージャーとして上京。1981年ブッチャーブラザーズ結成。『笑ってる場合ですよ！』の「お笑い君こそスターだ」で12代目チャンピオンに輝き、サンミュージック企画初のお笑いタレントとして所属。2021年、サンミュージックプロダクションの副社長に就任。2023年、同社社長に就任。

サンミュージックなお笑《わら》いの夜明《よあ》けだったよ！
――付き人から社長になった男の物語

2023年11月25日　初版

著　者　岡博之

発行者　株式会社晶文社
東京都千代田区神田神保町1-11
〒101-0051
電話　03-3518-4940（代表）・4942（編集）
URL　https://www.shobunsha.co.jp

印刷・製本　中央精版印刷株式会社

ISBN978-4-7949-7393-1　Printed in Japan